# ACHILL MOSER

Mein Vater, mein Sohn und der Kilimandscharo

EINE ABENTEUERLICHE REISE

dtv

Ausführliche Informationen über
unsere Autoren und Bücher
www.dtv.de

Dieses Buch ist auch als eBook erhältlich.

Bei dtv ist von Achill Moser außerdem lieferbar:
Unterwegs
Zu Fuß hält die Seele Schritt

Originalausgabe
© 2019 dtv Verlagsgesellschaft mbH & Co. KG, München
Das Werk ist urheberrechtlich geschützt.
Sämtliche, auch auszugsweise Verwertungen bleiben vorbehalten.
Umschlaggestaltung unter Verwendung eines Fotos aus
dem Privatbesitz des Autors Robert Schumann, buchgut.com
Fotos im Innenteil: Achill Moser und Aaron Moser
Gesetzt aus der Utopia Std
Satz: Fotosatz Amann, Memmingen
Druck und Bindung: CPI – Ebner & Spiegel, Ulm
Gedruckt auf säurefreiem, chlorfrei gebleichtem Papier
Printed in Germany · ISBN 978-3-423-26237-8

Für meinen Vater
Harry Karsten (1929-2007)

**Sein, was wir sind, und werden,
was wir werden können,
das ist das Ziel unseres Lebens.**

Baruch de Spinoza (1632-1677)

ERSTER TEIL

Die Magie der Sehnsucht

Ein Sohn trägt die Geschichte seines Vaters weiter **12**
Der Leopard im Schnee **15**
Ein Telefonanruf, der mein Leben verändert **22**
Wie ich meinen Vater kennenlernte **28**
Eine Tonbandkassette führt nach Afrika **39**
Unterwegs mit meinem Sohn **43**

ZWEITER TEIL

Im Land der Massai

Weite, Wolken und Vulkane **56**
Vom Ngorongoro-Krater ins Land der Hügel und Dornen
Am Ol Doinyo Lengai **78**
Der heilige Feuerberg der Massai
Am Natronsee **82**
Von Geysiren, Salzschollen und Zwergflamingos
Sonnenaufgangsgedanken **89**
Im Klan der Massai
Im Savannenland **104**
Zu den Gol Hills und in die Serengeti
In der Olduvai-Schlucht **121**
Wo mit dem aufrechten Gang alles angefangen hat

DRITTER TEIL
Kilimandscharo

Im Regenwald **130**
Nachtgedanken **138**
Wo Pflanzen zu Giganten werden **147**
Im Reich der Kälte und der Steine **153**
Tiefpunkt am Northern Circuit **162**
Mein Vater, mein Opa und der Kibo **176**
  (von Aaron Moser)
Zum Dach Afrikas **184**
Den Strom der Gefühle zulassen **196**

Dank **201**
Karte **203**

ERSTER TEIL

Die Magie der Sehnsucht

Träume nicht dein Leben,
lebe deinen Traum.

Tommaso Campanella (1568–1639)

Ein Sohn trägt die Geschichte seines Vaters weiter

Es ist still, ganz still, nur die dürren, kniehohen Gräser flüstern im Wind. Libellen überfliegen einen schmalen, lichtblitzenden Flusslauf, der, von grünen Uferpflanzen umgürtet, leise vor sich hinplätschert. Meine Augen schweifen über einen kolorierten Traum von Natur. In der Ferne erstreckt sich eine rostbraun-schwarzgrüne Ebene, die von den Lavaauswürfen des 2890 Meter hohen Vulkans Ol Doinyo Lengai geprägt ist. Für das Volk der Massai, die in dieser Region leben, ist er ein heiliger Berg, dessen Gipfel von einer weißen Ascheschicht überzogen ist.

Die schier grenzenlose Ebene geht in eine tiefblaue, stellenweise braunrote Wasserfläche über, die durch heiße Quellen mit Soda gespeist wird. Kristallisierte Mineralschollen liegen gestrandet am Ufer des Natronsees, ein 60 Kilometer langer und 20 Kilometer breiter Salzsee im Norden Tansanias. Kleine Gruppen von Steppenzebras wandern elegant dahin. Schneeweiße Pelikane hocken in leuchtend grünem Gestrüpp. Rosagefiederte Flamingos stehen mit gebogenen Schnäbeln dichtgedrängt im seichten Wasser und seihen winzige Lebewesen aus der Sodalauge, gleiten flügelwirbelnd durch die Lüfte. Im Norden ragt die Bergkette der Mosonik Hills auf. Wie stumpfe braungestreifte Zähne wirken die kargen Gipfel, deren zerklüftete Flanken in der tief stehenden Sonne orangerot schimmern. Darüber das intensive Blau des afrikanischen Himmels, in dem Kumuluswolken treiben, himmlische Botschafter der Götter, unaufhörlich auf Reisen, von der Signatur des Windes gezeichnet.

   Etwas Magisches nimmt mich an diesem entlegenen Ort Afrikas gefangen, und es berührt mich sehr, hier zu sein. Die Natur liegt einfach da, und ich verliere mich in ihr, der weiten, wilden Ungeordneten. Was für eine Faszination! Dinge, die ich im Alltag kaum wahrnehme, sind hier das Eigentliche. Eine Empfindung, auf die mich nichts vorbereitet hat.

*

Es ist später Nachmittag und ich sitze auf einem Klappstuhl im Schatten einer Sonnenplane. Vor mir ein kleiner, quadratischer Holztisch, auf dem eine Landkarte von Tansania ausgebreitet liegt. Gleich daneben mein in grauen Karton eingebundenes Tagebuch. Mit einem Bleistift mache ich Notizen, sinne über die Ereignisse der letzten Tage nach und stimme das Magische dieses Ortes mit meinen Erinnerungen ab. Ich halte die Begegnungen mit den Massai-Nomaden fest und die wildlebenden Tiere, die im freien Naturraum unterwegs sind: Giraffen, Zebras, Büffel, Hyänen, Schakale; ich schreibe über grandiose Landschaftskulissen, über Anstrengung und Glück – und über meinen Vater Harry. Auf seinen Spuren wandere ich seit Tagen durch das Land der Massai, gemeinsam mit meinem 27-jährigen Sohn Aaron, dem Künstler Carsten Westphal (55), der in der Tradition früher Expeditionsmaler unsere Reise mit Aquarellbildern dokumentieren möchte, sowie dem 46-jährigen Rainer Blank, Kameramann und Regisseur. Zusammen mit meinem Sohn will er unsere Reise filmisch festhalten.

Indem ich über meinen Vater schreibe, erwecke ich ihn wieder zum Leben und fühle mich ihm näher, denn ein Sohn trägt die Geschichte seines Vaters weiter. Es sind oft verzweigte Lebenswege, die eine Familiengeschichte prägen, manchmal unbeschwert, übermütig und aufregend, manchmal beschwerlich, dramatisch und leidvoll. Und manchmal sind es Geschichten von Sehnsüchten und Träumen, die uns beflügeln und inspirieren – und die es wert sind, weitererzählt zu werden. Manche dieser Geschichten begleiten uns über viele Jahre. Es sind Geschichten, die uns nicht loslassen, wir kommen erst zur Ruhe, wenn wir sie selbst nacherlebt haben.

Auch mein Vater hatte eine große Sehnsucht. Seit seiner Kindheit wünschte er sich, den höchsten Berg Afrikas zu sehen und zu besteigen: den Kilimandscharo. Doch erst mit 59 Jahren konnte er sich diesen Traum erfüllen. Getrieben von einem starken Willen brach mein Vater aus dem Alltag aus und reiste nach Ostafrika. Sein Sehnsuchtstraum ist auch mit meinem Leben eng verbunden. Denn das schneebedeckte Dach Afrikas, mit 5895 Metern die höchste Erhebung des schwarzen Kontinents, schenkte ihm und viele Jahre später auch meinem Sohn Aaron und mir, trotz großer Anstrengungen und Tränen, die ganze emotionale Fülle des Lebens. Es bescherte uns ein Glück, das drei Generationen – zu unterschiedlichen Zeiten – bereicherte.

Um es noch deutlicher zu sagen: Der Aufbruch zum Kilimandscharo war für meinen Vater nicht nur Abenteuer und Sehnsuchtserfüllung, es war ein buchstäblicher Griff nach den Sternen, der unsere Familie über den Tod hinaus verbinden sollte. Doch davon später mehr. Ich will die Dinge der Reihe nach erzählen.

Der Leopard im Schnee

Die Basis des Glücks ist ein sinnerfülltes Leben, heißt es. Doch was ist der Sinn des Lebens? Welche Rolle spielt das Schicksal? Was ist Zufall oder Bestimmung? Es stellt sich auch die Frage, ob uns die Suche nach dem Sinn als innerer Kompass dient, oder ob jede Sinnsuche nur eine Art Schutzschild ist, um die Turbulenzen des Lebens zu meistern.

All diese Fragen, die mich seit Jahrzehnten beschäftigen, diskutierte ich gelegentlich auch mit meinem Vater, den ich erst im Alter von 28 Jahren kennenlernte. Bevor es zu dieser schicksalhaften Begegnung kam, die mein Leben von einem Tag auf den anderen veränderte, war ich innerhalb eines Jahrzehnts immer wieder hinaus in die Welt gezogen.

Es waren ereignisreiche Jahre, in denen Neugier und Unrast mein Leben bestimmten. Wind und Wetter trieben mich in die entlegensten Winkel der Erde. Ich war in Wüsten, Urwäldern und Bergen unterwegs, auf Flüssen und Ozeanen. Dabei entwickelte ich ein inniges Verhältnis zur Natur und zu den unterschiedlichsten Nomadenvölkern, bei denen ich lange Zeit lebte. Auf all diesen Reisen erhoffte ich, angetrieben von Abenteuerlust und Begegnungsneugier, einen weisen alten Mann zu finden, der mir all meine Fragen beantworten konnte. Den Worten eines solchen Mannes, der vielleicht im Schatten einer Tamariske am Lagerfeuer saß, vor dem Eingang einer Felshöhle oder am Ufer eines plätschernden Flusses, wollte ich lauschen, um all die Geheimnisse des Lebens und den Sinn meiner Existenz zu erfahren.

So einem weisen Mann bin ich nie begegnet. Doch im Laufe der Jahre habe ich unterwegs viele Menschen getroffen, die in Aussehen, Lebensform, Sitten und Glaubensvorstellung vollkommen anders lebten als der moderne Zivilisationsmensch. Diese Menschen gaben mir wertvolle Denkanstöße. Vor allem in Afrika und Asien habe ich eine Menge Gebräuche, Rituale und uralte Weisheiten fremdartiger Völker sammeln können, die sich den Erfordernissen und Rhythmen der Natur angepasst hatten, in gutem Einvernehmen mit ihrer Umwelt lebten, und in die natürlichen Abläufe nur eingriffen, wenn es keine andere Möglichkeit gab, um nicht selbst zerstört zu werden.

Trotz all dieser lebensbereichernden Erfahrungen, die ich in der Welt machte, blieben viele Aspekte meiner Sinnfragen unbeantwortet, sodass ich mich an einige Worte von Hermann Hesse hielt, die mir auf meinen Reisen und Expeditionen ein wunderbarer Begleiter waren: »Wir verlangen, das Leben müsse einen Sinn haben – aber es hat nur ganz genau so viel Sinn, als wir selber ihm zu geben imstande sind.«

In jenen Aufbruchsjahren waren mir Bücher angenehme Weggefährten, Vermittler von Emotionen und wichtige Impulsgeber. Schon in der Kindheit und auch in Jugendjahren warteten fast täglich neue Abenteuer auf mich. Was meine Umwelt damals nicht hergab, holte ich mir durch Lektüre ins Haus. Was habe ich nicht alles gelesen: Es begann mit Karl May, mit jenen dicken Bändchen mit gold-grünen Buchrücken, die mich in der Fantasie in alle Herren Länder führten: nach Amerika, Afrika und in den Orient. Es folgten Stevensons ›Schatzinsel‹, Melvilles ›Moby Dick‹ und James Fenimore Coopers Indianergeschichten. Zudem verschlang ich alle möglichen Reiseberichte, an denen sich meine geheimsten Sehnsüchte festmachten.

Später wagte ich mich an etwas schwerere Kost heran, von der ich mir entscheidende Weichenstellungen erhoffte, um das drängende Wissen über die eigene Existenz zu füttern. Ich las Texte von Augustinus, Platon, Marcel Proust, Arthur Schopenhauer, Gottfried Wilhelm Leibniz, Jean-Jacques Rousseau, Henry David Thoreau und Søren Kierkegaard. Texte, die ich damals nicht alle verstand, die aber eine überraschende Quelle der Sachkenntnis waren – und eine ungeheure Kraft entfalteten. Noch heute bin ich dankbar, dass mir viele dieser Bücher – zur richtigen Zeit – in die Hände gefallen sind. Bücher, in denen ich auf Sichtweisen und Reflexionen stieß, die sich stark von den gewohnten unterschieden, Bücher, in denen ich Denkansätze fand, die meine Neugier auf Freiraum weckten und mir Stück für Stück den Weg ebneten.

In den 1960er- und 1970er-Jahren fühlte ich mich in den engen und vorgestanzten Formen des politischen und gesellschaftlichen Korsetts äußerst eingezwängt. Das Vorgestanzte reichte bis in meine Familie hinein, und schnürte mir zuweilen regelrecht die Luft ab. Dennoch schrieb ich mich, zum Gefallen meiner Eltern, in den Studiengang Betriebs- und Volkswirtschaftslehre ein. Parallel dazu studierte ich auch Afrikanistik, was mich sehr viel mehr interessierte. Der Haken war nur: Zu Hause konnte ich niemandem davon erzählen, ohne mich in endlosen Debatten rechtfertigen zu müssen. Mein Stiefvater – meine Mutter hatte ihn geheiratet, als ich sechs Jahre alt war – war Amtmann bei der Verwaltungsberufsgenossenschaft und wünschte sich, dass auch ich eine Beamtenlaufbahn mit Pensionsanspruch einschlage. Mit seiner Kritik konnte er mich zutiefst verletzen und es fiel mir schwer, seine Besserwisserei zu ertragen. Mit einer großen Portion Zynismus hätte er mir dargelegt, dass das Studium der Afrikanistik absurd, brotlos und ohne Perspektive sei. Also schwieg ich lieber, entschied alleine, was gut oder schlecht für mich war – und las alles, was mir über den afrikanischen Kontinent in die Hände fiel: Sachliteratur, Reiseerlebnisse, Romane.

In dieser Zeit stieß ich auch auf Ernest Hemingways Texte über Afrika. Mit Begeisterung verschlang ich ›Die grünen Hügel Afrikas‹ und die Erzählung ›Schnee auf dem Kilimandscharo‹ berührte mich so sehr, dass ich sie gleich mehrmals las. Dieser Text ließ mich Afrika regelrecht physisch spüren.

Vor meinem geistigen Auge sah ich die grenzenlose Savanne, den gewaltigen Himmel und den schneebedeckten Kilimandscharo. All das ließ sich buchstäblich mit den Händen greifen. Schon die ersten Sätze von ›Schnee auf dem Kilimandscharo‹ elektrisierten mich. Dem Tod geweiht liegt der weiße Jäger Harry auf einem Feldbett am Fuße des Kilimandscharo und lässt sein Leben noch einmal Revue passieren:

»Der Kilimandscharo ist ein schneebedeckter Berg von sechstausend Meter Höhe und gilt als der höchste Berg Afrikas. Der westliche Gipfel heißt bei den Massai ›Ngàja Ngái‹, das Haus Gottes. Dicht unter dem westlichen Gipfel liegt das ausgedörrte und gefrorene Gerippe eines Leoparden. Niemand weiß, was der Leopard in jener Höhe suchte.«

Diese Zeilen waren für mich magisch, wie Sternschnuppen, die auf mich herabfielen. Mehr noch, diese Sätze vermittelten mir nicht nur das Bild eines toten Leoparden im Schnee, hoch oben im Gipfelbereich des Kilimandscharo, sondern lösten auch ein weiteres Nachdenken aus, ein In-sich-Gehen, sodass die Darstellung eines gefrorenen Leopardengerippes unterhalb des Kilimandscharo-Gipfels für mich zur Metapher für die Suche nach dem Sinn des Lebens wurde.

Afrika hatte mich gepackt, war für mich *der* Kontinent. Dorthin zog es mich, dorthin musste ich. Mit 17 Jahren brach ich erstmals nach Marokko auf. Mit einem Interrail-Ticket fuhr ich quer durch Europa bis nach Marrakesch und per Lkw in die Nordsahara. Für meinen Stiefvater, der mich nur widerwillig ziehen ließ, war ich damals nur »ein Träumer«, während meine Mutter meine Reiselust unterstützte, obwohl sie sich große Sorgen machte. Es folgten Reisen nach Tunesien, Ägypten und in den Sudan. Zu Fuß, per Kamel und aus dem Faltboot lernte ich die afrikanisch-arabische Welt kennen und lieben, lebte zweitweise auch bei Beduinen und Tuareg. In der unermesslichen Weite aus Himmel, Sand und Stein lernte ich eine ursprüngliche und gleichmäßig ruhige Lebensweise kennen. Ich erlebte den verborgenen Reichtum nomadischer Gesellschaften und wurde für das Schicksal der Naturvölker sensibilisiert. Damals wurde mir auch bewusst, wie es um den Zustand der zivilisierten Welt bestellt war: Weit entfernt davon, sich aufs Wesentliche zu konzentrieren, befand sie sich in einer starken Entfremdung von der Natur und dem Göttlichen.

Zurück in Hamburg, wurde ich sechsmal von der Schule verwiesen, weil ich die Sommer- und Herbstferien hin und wieder auf eigenen Wunsch verlängert hatte, um in der Sahara mit Beduinen zu leben. Das Abitur endlich in der Tasche, reiste ich mit Mitte 20 nach Ostafrika. Im inneren Gepäck hatte ich Hemingways einleitende Sätze aus dem Buch: ›Schnee auf dem Kilimandscharo‹ dabei, die ich mit einem Denkanstoß des amerikanischen Schriftstellers Henry Miller verknüpfte: »Wenn man auf der Suche nach dem Wissen oder der Weisheit ist«, schrieb Miller, »geht man am besten direkt an die Quelle. Und die Quelle ist nicht der Wissenschaftler oder der Philosoph, der Meister, der Heilige oder der Professor, sondern das Leben selbst, die unverfälschte Lebenserfahrung.«

In Kenia und Tansania war ich monatelang in den unterschiedlichsten Regionen unterwegs, ehe ich im Tsavo-Nationalpark erstmals den Kilimandscharo sah. Ich erlag sofort der Ausstrahlung dieses gewaltigen Berges, der das Umland dominierte. Vor der majestätischen Kulisse des Riesenvulkans mit Schneehaube, die im Sonnenlicht gleißte, wanderte eine Elefantenherde durch die Savanne. Wie zu einer Parade aufgereiht, folgte ein Tier dem anderen. An ihrer Spitze ging ein großer Bulle, der mit hoch erhobenem Kopf seine Stoßzähne zum Himmel gerichtet hatte. Einen Steinwurf entfernt sah ich eine Gruppe Giraffen, einen wandernden Äs-Verein. Mit sanftmütigen Schritten zogen die Riesentiere dahin, blieben gelegentlich an einer Schirmakazie stehen, um mit gestrecktem Hals und langer Zunge die begehrten Akazienblätter zu fressen. Ihr Fell, ein untrügliches Zeichen ihrer Identität, war einzigartig gezeichnet, keine Giraffe glich der anderen.

Diese Bilder prägten sich fotografisch in mein Gedächtnis ein. Und auch das Staunen, das ich im Angesicht des Kilimandscharo empfand, ist mir geblieben. Es war ein Blick ins Paradies. Das klingt nach Klischee, doch so empfand ich es wirklich. Denn diese Augenblicke, als ich unter einem tiefblauen Himmel über die weite Savanne auf Afrikas Olymp blickte, ließen mich in Ehrfurcht erstarren. Es waren Momente, in denen ich den Geist Afrikas zu spüren glaubte. Ein Geist, der sich in der Verehrung der Natur und der Tierwelt offenbarte.

Damals wäre mir niemals in den Sinn gekommen, das weiße Dach Afrikas zu besteigen. Das hätte ich als Frevel empfunden. Denn für den ostafrikanischen Nomadenstamm der Massai, bei dem ich längere Zeit gelebt hatte, gilt der Kilimandscharo als Sitz ihres Gottes. Er ist Symbol ihres Glaubens, ein Ort der Ehrerbietung, voller Mythen und Geheimnisse, der so selbstverständlich zu ihrem Leben gehört wie ihre roten Tücher, ihre bunten Perlen und Rinder. Dieser Berg, seine Legenden und die damit verwobenen religiösen Vorstellungen bilden ein spirituelles Band zwischen Tradition und Gegenwart. Es begründet die ungeschriebenen Gesetze, nach denen die Naturvölker in Ostafrika seit Jahrhunderten leben. Ein solcher Ort verlangt Respekt, darf nicht gestört, geschweige denn bestiegen werden.

Dieser Verzicht war für mich eine Geste der Achtung und des Respekts gegenüber den Massai. Und es war ein Zeichen der Dankbarkeit für all das, was ich auf meinen Afrikareisen an Hilfsbereitschaft und Gastfreundschaft erfahren hatte. Was konnte ich an diesem wunderbaren Ort mehr geben, als die Heiligkeit dieses Berges unangetastet zu belassen?

Doch Jahre später, als ich meinen leiblichen Vater kennenlernte, kam alles ganz anders.

Ein Telefonanruf, der mein Leben verändert

Mein Vater hinterließ mir eine Tonbandkassette, auf der er von seinem Aufstieg zum Gipfel des Kilimandscharo erzählte. Eine ebenso bewegende wie abenteuerliche Geschichte, die ich seit mehr als zehn Jahren mit mir herumtrage. Viele Jahre brachte ich es nicht übers Herz, mir diese Aufnahme anzuhören. Nur ein einziges Mal habe ich die Kassette nach dem Tod meines Vaters abgespielt und seinen Worten gelauscht, danach nie wieder. Es war mir kaum möglich, die Stimme meines leiblichen Vaters zu hören, den ich vermisse – und den ich erst im Alter von 28 Jahren kennenlernte:

Es war Anfang der 1980er-Jahre und ich lebte in einer kleinen Dachwohnung in Hamburg-Bramfeld. Eines Abends, es war schon spät, klingelte das Telefon viermal, ehe ich den Hörer abnahm. Eine zögernde, leicht zitternde Männerstimme sagte: »Guten Abend, Achill, hier ist Harry Karsten. Ich bin dein Vater.«

Diese Worte, die ein wenig entschuldigend klangen, hatte ich jahrelang ersehnt – und ebenso gefürchtet. Es waren Worte, die sich fest in meinem Kopf eingebrannt haben; Worte, die mein Leben von einem Moment auf den anderen nicht nur veränderten, sondern regelrecht auf den Kopf stellten. Von einer Sekunde auf die andere war nichts mehr wie zuvor. Ein Stück Vergangenheit, das für mich fast drei Jahrzehnte im

Nebulösen gelegen hatte, wurde diffus lebendig. Ein Stück Vergangenheit, das meine Mutter mir vorenthalten hatte, weil sie nach den Erlebnissen und Erfahrungen mit meinem Vater verbittert und unversöhnlich war.

Als sich meine Eltern Mitte der 1950er-Jahre scheiden ließen, war ich eineinhalb Jahre alt. Unterschiedliche Lebenspläne, Unfriede und Streit hatten zum Bruch geführt. Per Gerichtsbeschluss hatte meine Mutter bewirkt, dass mein Vater mich nicht sehen durfte. Nicht einmal das Besuchsrecht wurde ihm eingeräumt. Ich wusste nichts über meinen Vater. Meine Mutter erzählte nie von ihm, erwähnte nur, dass das Zusammenleben mit ihm nicht funktioniert hätte. Alle meine weiteren Fragen blieben unbeantwortet: Wo lebte er? Welchen Beruf übte er aus? Wie war er als Kind gewesen? Welche Träume und Erwartungen hatte er als Jugendlicher gehabt? Was waren seine Leidenschaften, was machte ihm Freude? Und: Wer war er überhaupt? Antworten auf all diese Fragen erhielt ich weder von meiner Mutter noch von anderen Verwandten. Es war in der Familie tabu, über meinen leiblichen Vater zu sprechen. So war sein Leben für mich wie ein Buch mit sieben Siegeln.

Als ich seine Stimme dann erstmals am Telefon hörte, war ich entsprechend befangen. Jedes Wort meines Vaters verriet eine große Willensanstrengung. Ständig räusperte er sich wie ein Schuljunge. Und in jedem Satz schien eine mühsam kanalisierte Energie zu vibrieren. Auch ich suchte ungelenk nach Worten, während mein Vater wie jemand sprach, der nichts Falsches sagen wollte. Ich erfuhr, dass er mich am Nachmittag in einer Radiosendung gehört hatte, in der ich von einer Reise durch den Norden Kanadas berichtete: In den North-West-Territories, am Ufer des Großen Sklavensees, hatte ich mit zwei Freunden ein Floß von 28 Quadratmetern gebaut und den 1900 Kilometer langen Mackenzie River bis zum Nordpolarmeer befahren. Jörgpeter Ahlers, Moderator und Freund, legte zwischen den Interviewpassagen stimmungsvolle Musikstücke auf: Johnny Cash, ›Big River‹; Neil Young, ›Walk on‹; J. J. Cale, ›Cajun Moon‹.

Diese Radiosendung hatte mein Vater gehört, sich beim NDR meine Telefonnummer besorgt und mich noch am selben Abend angerufen.

»Ich habe mich die ganzen Jahre nicht getraut, mich bei dir zu melden«, sagte er. »Deine Mutter wollte nicht, dass ich Kontakt zu dir aufnehme. Doch als ich heute deine Stimme im Radio gehört habe, habe ich Mut gefasst. Ich hoffe, du hast Verständnis dafür. Ich wollte dich fragen, ob wir uns mal treffen können?«

Innerlich aufgewühlt, brauchte ich nach dem Telefonat eine gewisse Zeit, um die Worte meines Vaters zu verdauen. Ich musste Ordnung in meinem Kopf schaffen. Einerseits waren da Skepsis und Wut, weil er sich fast drei Jahrzehnte lang nicht gemeldet hatte; andererseits machte ich mir selbst Vorwürfe, denn auch ich hatte in den zurückliegenden Jahren etwas unterlassen, ja möglicherweise falsch gemacht: Vielleicht hätte *ich* längst den Kontakt zu ihm suchen sollen. Warum hatte ich mich von dem negativen Meinungsbild meiner Mutter, die mich mit ihrer Liebe und Fürsorge umgab, so sehr beeinflussen lassen? Vielleicht trafen ja all die Vorwürfe, die sie einst gegenüber meinem Vater unterschwellig angedeutet hatte, gar nicht mehr zu. Menschen können sich im Laufe der Jahre durch Begegnungen, Erlebnisse und Erfahrungen verändern. Nicht immer sind unserem Charakter und unseren Eigentümlichkeiten unverrückbare Grenzen gesetzt.

Aus diesem Blickwinkel betrachtet, spürte ich ein großes

Verlangen, meinen Vater endlich kennenzulernen. Ich wollte wissen, wie es ihm ging, wie er dachte. Ich wollte auch die Geschichte meiner Mutter und meines Vaters, die über Jahre zu einem undurchdringlichen Verhau geworden war, ein wenig öffnen und verstehen – ohne ihr Scheitern aufzuarbeiten, das, so war mir von vornherein klar, ging mich nichts an. Zudem wollte ich jenen Menschen kennenlernen, der mir meinen Vornamen gegeben hatte. Denn auch in unserer Zeit sind Namen immer noch mehr als bloße Erkennungszeichen. Manchmal scheinen sie sogar das Leben eines Menschen zu beeinflussen. So war es jedenfalls bei mir.

Der Name *Achill* ist griechischen Ursprungs, angelehnt an eine Hauptfigur aus Homers ›Illias‹. In den 1950er-Jahren schlugen alle Verwandten die Hände über dem Kopf zusammen, als sie hörten, dass mein Vater mir den Namen *Achill* geben wollte. Einhellig war man der Meinung: »Der Junge wird dich dafür verfluchen, wenn er größer ist!« Dennoch setzte sich mein Vater gegen alle Unkenrufe durch und zahlte auf dem Standesamt für die Neueintragung des Namens 50 D-Mark. Dafür bin ich ihm noch heute dankbar. Ich hätte mir nämlich keinen interessanteren Vornamen wünschen können. Denn mit dem Namen *Achill* wurden mir gewissermaßen auch die Sagen des klassischen Altertums in die Wiege gelegt, die Wurzeln aller abendländischen Kultur. Und so war es auch kein Wunder, dass ich als Kind alle möglichen Bilderbücher geschenkt bekam, die mir die griechischen Götter- und Heldenepen nahebrachten.

Jahrzehnte später erzählte mir mein Vater, dass er sich als junger Mensch nicht nur für die griechische Mythologie interessierte, sondern auch gern Altertumswissenschaften studiert hätte. (Das war ihm kurz nach dem Zweiten Weltkrieg aus finanziellen Gründen aber nicht möglich.) Vor allem die Geschichte des griechischen Helden Achill hatte es ihm angetan. Nachdem Paris Helena aus Sparta entführt hatte, schloss sich Achill den Männern Griechenlands an und zog in den Kampf gegen Troja. Diese Geschichte war es auch, die mich später zu einer abenteuerlichen Entdeckungsreise durchs Mittelmeer motivierte. Per Segelyacht, Faltboot und mit einem selbst gebauten Floß bereiste ich in einem Zeitraum von mehreren Jahren die Türkei, Griechenland, Italien, Malta und Tunesien auf den Spuren der antiken Helden Achill und Odysseus.

Als Kind war ich, wie viele andere Kinder auch, auf eine andere Weise nachdenklich als später als Erwachsener. Als Kind war für mich alles Gegenwart und zugleich Ewigkeit; ich war weder kopfgesteuert noch analysierte ich. Stattdessen bestimmten Fantasie und Magie mein Leben. Zudem war ich viel empfindlicher und verstand nicht, wieso sich mein Vater nicht um mich kümmerte. Wo war er? Warum besuchte er mich nicht? Vor allem diese beiden Fragen gingen mir immer wieder im Kopf herum, begleiteten mich manchmal in den Schlaf.

Es hatte mich damals nicht nur gestört, sondern tief getroffen, wenn andere Jungs aus der Schulklasse von ihren Vätern erzählten, wie sie mit ihnen gebastelt und Ausflüge gemacht hatten oder welche Berufe, Hobbys und Autos sie hatten. Ich hörte von Dingen, die ich nie selbst erlebt hatte. Das waren Situationen, in denen ich das Gefühl hatte, dass mir im Leben etwas fehlte. Ich spürte eine Art Verlust, und es schien so, als wäre mir in meinem Leben etwas abhandengekommen, etwas ganz Natürliches, das jeder um mich herum hatte, etwas, das unerreichbar und weit weg war.

Am peinlichsten war es mir, wenn herauskam, dass mein Stiefvater nicht mein richtiger Vater war. Es waren halt die 1950er- und 1960er-Jahre, in denen die spießbürgerliche Engstirnigkeit bis in die Schulklassen hineinschwappte. Und der Begriff Patchwork-Familie war noch längst nicht populär.

★

All das ging mir nach dem ersten Telefongespräch mit meinem Vater im Kopf herum. Hin- und hergerissen zwischen dem Gefühl, alte Wunden aus der Vergangenheit wieder aufzureißen, und jenem, meinen Vater womöglich niemals kennenzulernen, wenn ich seinem Vorschlag zu einem Treffen nicht nachkam. So verschob ich meinen Rückruf Woche um Woche, bis mir irgendwann klar wurde, dass ich die unter Verschluss gehaltene Vergangenheit unmöglich abwehren konnte; sie brach sich Bahn und ich sah mich der Notwendigkeit ausgeliefert, mich mit ihr auseinanderzusetzen. Also griff ich eines Tages zum Telefon und wählte die Nummer meines Vaters. Meine Neugier war größer als alle Bedenken.

Wie ich meinen Vater kennenlernte

Das erste Treffen. Ich erinnere mich, als wäre es gestern gewesen: Mein Vater hatte mich zu sich nach Hause eingeladen. Er erwartete mich vor einem schmucken Reihenhaus in Hamburg-Glinde. Ein hölzerner Zaun umgab einen kleinen Garten mit frisch gemähter Rasenfläche, bunten Blumen und hohen Tannen. Mit beherztem Schritt trat ich auf ihn zu. Wir schauten uns an und lächelten.

»Hallo, Achill, schön dich zu sehen«, sagte er und streckte mir die Hand entgegen. Ich ergriff die dargebotene Hand.

»Ja, das ist schön. Endlich treffen wir uns.« Mehr fiel mir nicht ein.

Auf dem Weg ins Haus dachte ich: Was fühlt man, wenn man nichts fühlt?

Als ich das geräumige Wohnzimmer mit Kamin betrat, freute mich die allererste Wahrnehmung: Mein Vater war offensichtlich eine Leseratte. Eine meterlange Bücherwand reichte bis zur Decke. Die Bücher waren alphabetisch nach Autorennamen geordnet. Gebundene Klassiker standen neben zerlesenen Taschenbuchausgaben. Goethe, Schiller, Heine. Aber auch Hemingway, Simmel, Joseph Conrad – und viele, viele Kriminalromane.

Ingrid, die Frau meines Vaters, hatte den Esstisch gedeckt. Es gab Kaffee und Kuchen. Es herrschte eine Atmosphäre gespannter Erwartung. Das Gespräch begann nur schleppend. Ich erfuhr, dass ich zwei Halbbrüder hatte: Gunther und Joachim, die einige Jahre jünger waren als ich. Dann plauderten wir über dieses und jenes, sprachen über kleine Szenen aus unserem Leben, suchten nach unverbindlichen Berührungspunkten – und ganz langsam begann sich die Stimmung zu lockern. Schließlich scherzten und lachten wir. Die dunklen Geister der Vergangenheit berührten wir nicht, sprachen nicht von dem, was verloren gegangen war, oder von dem, was hätte sein können. Die stille Übereinkunft, nicht über die jahrzehntelange Trennung zu sprechen, ermöglichte ein fast unbeschwertes Kennenlernen, wenngleich es für meinen Vater weniger ein Kennenlernen zu sein schien, als ein wunderbares Wiedersehen. So verging die Zeit wie im Fluge, was dem Nachmittag eine Bedeutung gab.

In der Erinnerung, wenn der Film der Jahre rückwärts rollt, bin ich mir ganz sicher, dass die erste Begegnung mit meinem Vater für uns beide eine Erleichterung war. Gegenseitige Sympathie und Neugier waren geweckt. Ein Befreiungsschlag für die Seele. Und als ich mich am Abend verabschiedete, klopfte mir mein Vater an der Haustür lachend auf die Schulter und nahm mich mit Tränen in den Augen in den Arm. Eine Geste, die mich irritierte, denn mein Stiefvater, der nach schweren Kriegsverletzungen häufig von Minderwertigkeitsgefühlen übermannt worden war, die er aber nicht wahrhaben wollte, hatte mich in all den Jahren unseres Zusammenlebens noch nie in den Arm genommen.

★

In den darauffolgenden Monaten telefonierten mein Vater und ich häufig. Gelegentlich trafen wir uns auch. Ganz behutsam tauschten wir dann Lebensereignisse aus, wurden dabei selbst zum Gegenstand der Erinnerung. Dabei merkten wir rasch, dass das Erinnern an die jeweils eigene Geschichte am schwierigsten war, wenn wir unsere lange Trennung zum Thema machten. Gleichwohl kam es bei diesen Treffen zu keiner sentimentalen Aufarbeitung der Vergangenheit. Was geschehen war, war geschehen. Die Basis unseres Beisammenseins war vielmehr die Begegnungsfreude und eine im Entstehen begriffene Zuneigung.

Vor diesem Hintergrund gelang uns eine langsame Annäherung. Und je häufiger ich meinen Vater besuchte, desto mehr vermittelte er mir das wohlige Gefühl, *daheim* zu sein. Schließlich gab er mir einen Haustürschlüssel und sagte: »Du kannst jederzeit kommen und gehen. Ingrid und ich sind uns einig: Unser Haus ist jetzt auch dein Zuhause.«

Es waren immer wunderbare Tage, wenn ich meinen Vater traf. Meist besuchte ich ihn an einem Freitagnachmittag und blieb über Nacht bis zum Sonnabend. Eine Tasche mit Sportsachen musste ich jedes Mal mitbringen, denn mein Vater liebte es, auf dem Fußballplatz zu kicken. Meist erwartete er mich schon im dunkelblauen Trainingsanzug vor dem Haus. Einen Sportplatz sowie einige Mitspieler hatte er bereits Tage zuvor organisiert. Sowie ich mich umgezogen und die Fußballschuhe geschnürt hatte, nahm mein Vater noch einige Tabletten gegen die Schmerzen in den Gelenken. Arthrose quälte ihn, was ihn aber nicht davon abhielt, sich auf dem Sportplatz alles abzuverlangen. Es war die Leidenschaft am Spiel, die ihn bis ins hohe Alter motivierte. Nur: Verlieren konnte er nicht. Manchmal war er regelrecht besessen vom

Siegen, was zu der einen oder anderen Kontroverse führte, ehe wir nach einer heißen Dusche Bratkartoffeln und Frikadellen mit reichlich Senf aßen. Unser Lieblingsessen.

Später am Abend machten wir es uns im Wohnzimmer gemütlich. Bei Kuchen und Milch oder einem Glas Bier saßen wir vor dem Fernseher und schauten einen Krimi, einen Dokumentarfilm oder einen Boxkampf. Mein Vater war nämlich ein großer Boxfan. Max Schmeling, Joe Louis, Sonny Liston, Georg Foreman, Joe Frazier – er kannte sie alle. Besonders Muhammad Ali (Cassius Clay) hatte es ihm angetan. Viele Kämpfe des amerikanischen Boxers, der den Titel des Weltmeisters im Schwergewicht dreimal in seiner Karriere gewinnen konnte, hatte mein Vater auf VHS-Kassetten aufgenommen. Es liegt auf der Hand, dass er mich mit seiner Begeisterung ansteckte, wenn wir uns Alis Kämpfe noch einmal ansahen.

An anderen Abenden klönten und diskutierten wir bis spät in die Nacht über Gott und die Welt. Harry hatte sich dann meist auf einer braunen Ledercouch ausgestreckt, ich saß in einem Sessel daneben. Diese intensiven Gespräche führten dazu, das wir viele Gemeinsamkeiten entdeckten, obwohl wir uns fast drei Jahrzehnte nicht gesehen hatten: Da war das Interesse für Filme, Fußball, Reisen und Bücher (Literatur, Krimis, Reiseberichte); da waren Neugier, Begeisterungsfähigkeit und Willensstärke, aber auch negative Eigenschaften: quälender Ehrgeiz, aufbrausende Wut und bockiger Starrsinn; da waren die gleichen langgliedrigen Finger, die Form der Nase und die Gestik der Hände. Mir wurde bewusst, dass wir alle durch unsichtbare Fäden miteinander verknüpft sind. Selbst wenn sich Menschen jahrzehntelang aus den Augen verlieren, zeitlich und räumlich voneinander getrennt sind, unterliegen sie den Gesetzmäßigkeiten der Gene.

Letztlich gingen wir ohne gegenseitige Vorwürfe jenen Dingen auf den Grund, die zur Scheidung meiner Eltern geführt hatten, wobei mein Vater sich manche Fehler im Zusammenleben mit meiner Mutter eingestand. Diese Eingeständnisse erfolgten aber nie auf bohrende Fragen meinerseits. Im Gegenteil. Meinem Vater war von Anfang an daran gelegen, dass ich, neben den Darstellungen meiner Mutter, auch *seine* Perspektive erfuhr, damit ich mir ein objektives Bild machen konnte. Besonders diese ungeschönte Offenheit war es, die mir meinen Vater näherbrachte. Von Gespräch zu Gespräch war er darum bemüht, mir ein ehrliches Bild seiner selbst zu vermitteln. So erfuhr ich im Laufe der Zeit nicht nur seine Lebensgeschichte, sondern bekam auch einen Einblick in seine Denk- und Gefühlswelt, spürte mehr und mehr, wer mein Vater war.

Wenn ich mich heute an manche Abende mit ihm erinnere, bin ich mir ganz sicher, dass es diese lebhaften Gespräche waren, die unser beider Leben zusammengeführt haben. Es war ein Hineindenken des Vaters in die Welt des Sohnes, ein Hineindenken des Sohnes in die Welt des Vaters. Mehr noch. Es war eine nicht enden wollende Spurensuche, so, als wollten zwei Menschen herausfinden, was ihre Fußabdrücke im Sand hinterlassen hatten.

*

Im Nachhinein haben sich mir vor allem jene Abende eingeprägt, an denen ich meinen Vater nach einer längeren Reise besuchte. Dann musste ich erzählen, denn er liebte es, wenn ich ihn – in Gedanken – in Wälder, Wüsten und Gebirge entführte. Was haben wir zusammen nicht alles gesehen und erlebt! Wir stiegen über Islands eisige Gletscher, wanderten mit Dromedaren durch die ozeangleichen Sandmeere der Sahara, fuhren mit einer Dschunke auf Chinas Jangtsekiang oder paddelten auf einsamen Strömen durch die Waldwildnis Kanadas. Besonders meine Erlebnisse und Erfahrungen in Afrika begeisterten ihn. »Dorthin würde ich auch gern mal reisen«, sagte er eines Abends. Ich erinnere mich noch genau: Es war gegen Ende der 1980er-Jahre, als er mir mit leuchtenden Augen von der großen Sehnsucht erzählte, die tief in ihm schlummerte: »Einmal auf dem Gipfel des Kilimandscharo stehen.«

»Warum der Kilimandscharo?«, fragte ich, obgleich ich die magische Anziehungskraft dieses legendären Berges gut nachvollziehen konnte.

»Seit mehr als 50 Jahren fasziniert mich dieser Berg«, sagte er. »Ein Freund meines Großvaters hatte mir als Kind ganz begeistert vom Kilimandscharo erzählt, von dem ich damals noch nie gehört hatte.«

Und diese Schilderung war es, die meinem Vater den Stoff für eine jahrzehntelange Sehnsucht lieferte: einmal im Leben zum Kilimandscharo. Dieser Wunsch begleitete ihn seit Kindertagen. Er hatte ihn sich jedoch nie erfüllen können, immer wieder hatte sich das Leben in den Weg gestellt und zudem fehlten ihm die finanziellen Mittel.

Auch auf der Tonbandkassette, die mir mein Vater viele Jahre später gab, schildert er, wie der Kilimandscharo zu seinem Sehnsuchtsziel wurde:

»Ich war sieben Jahre alt und lebte damals bei meinen Großeltern. Es war das Jahr 1936, als ein Freund meines Großvaters zu Besuch kam. Es war Paul Fröhlich, der vor dem Ersten Welt-

krieg bei der Kaiserlichen Marine (von 1872 bis 1918 die offizielle Bezeichnung der Seestreitkräfte des Deutschen Kaiserreiches, Anm. d. A.) gedient hatte. Ich erinnere mich, als wäre es heute: Er war an Bord eines Kriegsschiffs zur deutschen Kolonie Tanganjika nach Ostafrika gefahren, nach Daressalam. Was er erzählte, klang märchenhaft. Gespannt, aber auch ungläubig hörten wir ihm zu. Im Landesinneren sollte es einen Berg geben – 6000 Meter hoch. Der Gipfel bedeckt mit Eis und Schnee, obwohl das Land am Äquator lag, wo bis zu 50 Grad Hitze herrschte. Persönlich hatte er den Berg nicht gesehen, aber Einheimische hatten davon erzählt. Ein Deutscher namens Hans Meyer hatte diesen Berg als Erster bestiegen und den Gipfel Kaiser-Wilhelm-Spitze genannt. Ich war fasziniert und sollte über mehr als 50 Jahre lang diese Geschichte nicht vergessen.

Als ich 14 Jahre alt war, schlugen mich die Wirren des Zweiten Weltkrieges nach Bayern. Dort ging ich ein Jahr zur Schule und war bei Pflegeeltern einquartiert. Der Pflegevater war Bergführer und Skilehrer. Er lehrte mich das Bergsteigen und das Skifahren. Durch ihn entwickelte sich meine Liebe zu den Bergen. Später habe ich viele Gipfel in Europa bestiegen. Auch das Matterhorn. Zwischenzeitlich hatte ich aber immer den Kilimandscharo im Kopf. Doch dieser Traum, so dachte ich, sollte mir wohl ewig verwehrt bleiben. Es fehlten mir zudem die finanziellen Mittel. Und dann hörte man auch Erschreckendes über diesen Berg. Er sollte wegen seiner klimatischen Verhältnisse und seiner Höhe ganz schwer zu besteigen sein. Selbst Sir Edmund Hillary, der Erstbesteiger des Mount Everest, und der amerikanische Astronaut Neil Armstrong, der erste Mensch auf dem Mond, sind beide gescheitert. Also verschwendete ich keine weiteren Gedanken an eine Besteigung. So lange, bis eines Tages mein ältester Sohn Achill von einer seiner Wüstenwanderungen zurückkam und mich besuchte. Bei dieser Gelegenheit kamen wir auch auf den Kibo zu sprechen.«

An jenem Abend, als mir mein Vater von seiner lebenslangen Sehnsucht erzählte, fragte ich ihn ganz beiläufig, ob er es sich im Alter von 59 Jahren noch zutrauen würde, Afrikas höchsten Berg zu besteigen.

»Natürlich!«, sagte er. »Ich treibe nach wie vor viel Sport und fühle mich gut in Form.«

»Dann sollten wir gemeinsam zum Kilimandscharo reisen«, sagte ich.

»Wirklich? Meinst du das im Ernst? Du würdest tatsächlich mit mir nach Ostafrika fliegen? Oder sagst du das nur so?«

Natürlich meinte ich, was ich sagte, wenngleich sich mein schlechtes Gewissen meldete, weil ich den heiligen Berg der Massai niemals besteigen wollte. Meine frühen Erlebnisse bei dem Hirtenvolk, ihr Denken und Fühlen, hatten mich im Laufe der Jahre doch sehr viel mehr für diese Menschen eingenommen, als ich mir manchmal eingestehen wollte. Was tun? Im Kopf rechnete ich das gemeinsame Erleben mit meinem Vater gegen meine Bedenken auf und kam zu dem Ergebnis: »Wenn dir der Kilimandscharo so viel bedeutet, dann sollten wir zusammen aufbrechen«, sagte ich und fügte ein Zitat von Franz Kafka hinzu: »Wege entstehen dadurch, dass man sie geht.«

Diese Worte, so erinnere ich mich, waren wohl ausschlaggebend. Spontan sprang mein Vater auf und nahm mich in den Arm. Er war glücklich wie ein Kind unterm Weihnachtsbaum. Noch am gleichen Abend beschlossen wir, nach Ostafrika zu reisen.

Mit großer Vorfreude stürzten wir uns in den darauffolgenden Monaten in die Planung der Reise. Wir verbrachten ganze Abende über Landkarten und Büchern, sprachen über Hitze, Kälte und Wind, fachsimpelten über Entdeckungsreisen, die Geschichte Ostafrikas, das Great Rift Valley und die Tierwelt. Letztlich legten wir unsere Reiseroute fest: Im Norden Tansanias wollten wir im Land der Massai zum Natronsee und zur Olduvai-Schlucht wandern. Die Olduvai-Schlucht gilt als eine Wiege der Menschheit, wo mit dem aufrechten Gang die Geschichte des Menschen begonnen hat. Anschließend sollte es zum weißen Dach Afrikas gehen, zum Gipfel des Kilimandscharo.

Während der gesamten Vorbereitungszeit war es herrlich mit anzusehen, wie der Sehnsucht meines Vaters Flügel wuchsen. Sein großer Traum, der sich im Alltagstrott häufig verflüchtigt hatte, um dann wie ein fernes Leuchtfeuer von Neuem aufzublitzen, bekam mit einem Mal Gesicht, Farbe und Duft, nahm Konturen an wie die Umrisse einer fernen Insel im Meer. Ohne Einschränkung war mein Vater bereit, alle Beschwernisse auf sich zu nehmen, um in eine ferne Welt aufzubrechen, wo Afrikas Riesenvulkan aus der Savanne aufragt, »hoch und unvorstellbar weiß«, wie ihn Ernest Hemingway beschrieb.

Mehr als ein halbes Jahr lang träumte ich gemeinsam mit meinem Vater seinen Traum – bis er kurz vor unserer Abreise zerplatzte. Ich erlitt einen Kreuzbandriss und konnte nicht nach Afrika reisen. Wir überlegten, die Reise zu verschieben, doch die Euphorie meines Vaters war so groß, dass ich ihm zuredete, ohne mich aufzubrechen. So kam es, dass er anstatt der Wanderung durch das Land der Massai, die wir irgendwann später einmal unternehmen wollten, den Kilimandscharo in den Fokus seiner Reise stellte. Dieser Berg war zweifelsohne der Ort, auf den sein innerer Kompass wies; ein Ort, der ihn mehr als ein halbes Jahrhundert lang gelockt hatte. Dorthin musste er, um mit sich selbst eins zu werden. Und dorthin reiste er, zuerst nach Kenia und weiter nach Tansania, wo er mit einigen Weggefährten, denen er sich vor Ort anschloss, auf Afrikas schneebedeckten Berg stieg.

*

Nach der Rückkehr aus Ostafrika war mein Vater nicht mehr derselbe. Seine Erlebnisse hatten ihn verändert. Beseelt von der Erfüllung seines Traums sprühte er vor Elan und guter Laune. Wenn wir uns trafen, erzählte er immer wieder von seinem Aufstieg. Der Kilimandscharo war für ihn nicht nur ein geografischer Punkt, sondern ein imaginäres Ziel, das sich im Nachhinein als wichtiger Mosaikstein in seinem Leben darstellte. Ein Leben, das von Anfang an unter keinem guten Stern stand, das von Rückschlägen und Niederlagen geprägt war: geboren 1929, die Mutter früh verstorben, der Vater mit der Erziehung überfordert; aufgewachsen bei den Großeltern; sportliche Leistungen in Leichtathletik, Handball und Boxen führten ihn zur Napola (Nationalpolitische Erziehungsanstalt), die bei Kindern vor allem auf Wesensmerkmale wie Leistungsbereitschaft, Durchhaltevermögen und Mut achteten. Von der Propaganda des Naziregimes vereinnahmt, lebte er nach Kriegsausbruch ein Jahr bei Pflegeeltern in Bayern, wo er das Bergsteigen und Skifahren erlernte; von der Kriegsmaschinerie weitgehend verschont, zählte er nach 1945 zur Generation der Davongekommenen; im Nachkriegsdeutschland musste er seine Berufs- und Ausbildungswünsche beiseitelegen und Geld verdienen. Er arbeitete auf dem Bau, besuchte zur Fortbildung eine Abendschule, bekam schließlich eine Anstellung bei der Baubehörde, wo er für die Deichpflege rund um Hamburg zuständig war. Es folgten der Kauf eines Reihenhauses, Urlaubsreisen nach Spanien, Griechenland, Norwegen und Amerika; zwei Ehen, drei Kinder, fünf Umzüge – und der Traum von einem wundersamen Gipfel namens Kibo in Afrika. Unweit des Äquators ragt er aus einem schneebedeckten Vulkanmassiv in den Himmel auf, ein Gebirge mit magischem, klangvollem Namen: Kilimandscharo.

Eine Tonbandkassette führt nach Afrika

Seit dem Tod meines Vaters lag die Tonbandkassette mit der Geschichte seiner Kilimandscharo-Besteigung in meinem Arbeitszimmer auf einem Bücherbord, gleich neben dem Schreibtisch. Über zehn Jahre lang lag sie dort, eingewickelt in eine kleine Plastiktüte. Hin und wieder nahm ich die Kassette in die Hand und ertappte mich bei dem Gedanken, ob ich nicht jene Reise, die ich vor 30 Jahren mit meinem Vater geplant hatte, mit *meinem* mittlerweile erwachsenen Sohn Aaron unternehmen sollte. Eine spontane Idee, die ich aber sofort in den Bereich des Sentimentalen verwies. Doch von Jahr zu Jahr spürte ich, wie mir im Alltagstrott so manche Erinnerungen an meinen Vater entglitten. Manchmal hatte ich sogar das Gefühl, sein Leben habe sich in einer ganz anderen Zeit abgespielt und meine Erinnerung daran verblasste immer mehr.

Diese Überlegung machte mir bewusst, dass ich etwas gegen das Vergessen tun musste, dass ich jene Reise, die ich seinerzeit mit meinem Vater unternehmen wollte, nicht länger aufschieben durfte. So kamen die Dinge in Bewegung: Einer plötzlichen Eingebung folgend, die durch Logik nicht zu erklären war, nahm ich mir vor, meinen Vater noch einmal in Ostafrika zu *finden*, dort, wo sich seine große Sehnsucht erfüllt hatte. Ich wollte genau *die* Reise durchführen, die ich seinerzeit mit ihm ins Auge gefasst hatte: eine Wanderung durch das Land der Massai bis zur Olduvai-Schlucht – und dann hinauf zum Gipfel des Kilimandscharo, wenngleich ich kein Bergsteiger im klassischen Sinne bin.

Es ging mir nicht ums Bergsteigen, selbst wenn ich im Laufe der Jahre auf einigen Gipfeln gestanden habe, deren geheimnisvolle Legenden mich gelockt hatten. Ich mag Berge, die von magisch-mystischen Geschichten umrankt sind: Da war beispielsweise der Dschebel Musa (2285 Meter), auch Mosesberg genannt, auf der ägyptischen Sinai-Halbinsel, wo Moses, gemäß der Religionsgeschichte, die Gesetzestafeln mit den Zehn Geboten empfing; dann der Ararat (5137 Meter) in der Türkei, nahe der Grenze zu Armenien, wo die Arche Noah zwischen Fels und Eis gestrandet sein soll – und in der algerischen Sahara zog mich der Assekrem (2780 Meter) in den Bann, wo der französische Pater Charles de Foucauld im Jahre 1911 auf dem Gipfelplateau eine Einsiedelei errichtete, um Gott nahe zu sein. In seinem Tagebuch schrieb er: »Die Aussicht übertrifft in ihrer Schönheit alle Worte und Vorstellungen. Nichts vermag den Zauber dieses Waldes aus Felsspitzen und -nadeln, den man zu seinen Füßen hat, zu beschreiben. Welch ein Wunder!«

Neben all den Bergen, die von religiöser und mystischer Bedeutung sind, liebe ich vor allem die horizontalen Naturräume, in denen ich immer wieder wie ein Nomade zu Fuß unterwegs war. Alle Wanderstrecken zusammengenommen, die ich in mehr als vier Jahrzehnten in den unterschiedlichsten Regionen und vor allem in den Wüsten der Welt zurücklegte, habe ich mir fast 40 000 Kilometer erwandert; das entspricht dem Erdumfang am Äquator. Eine solche Distanz hinterlässt am Körper natürlich Spuren: Zerrungen, Muskelkrämpfe, Bänderdehnungen, Kreuzbandrisse, Verstauchungen, Arthrose. Immer wieder musste ich in den vergangenen Jahren zum Orthopäden, wurde mit Elektrotherapien, Spritzenkuren, Langzeitbandagen und Schmerztabletten behandelt.

Zudem bin ich mittlerweile in einem Alter, in dem man darüber nachdenkt, was man noch erleben möchte. Welcher Wunsch ist noch nicht verstummt, was ist einem wichtig?

Wie die Antwort darauf auch lauten mag: Die Afrikareise auf den Spuren meines Vaters wollte ich unbedingt noch unternehmen. Dabei ging es mir nicht um eine chronologische und geordnete Darstellung seiner Lebensgeschichte, die ich in mir wachrufen wollte. Was mich vielmehr bewegte, das war der Lebenstraum meines Vaters, der ihn im Alter von 59 Jahren noch einmal motivierte, einen Aufbruch ins Ungewisse zu wagen.

Aus seinen Schilderungen weiß ich, was mein Vater in Ostafrika gesehen hat. Aber welche Gedankengänge ihn auf seinem Weg begleiteten, welche Impulse ihn beim Aufstieg am Kilimandscharo beflügelten, welche Aus- und Einsichten ihn berührten, das konnte ich nur vermuten und ich wollte es beim eigenen Unterwegssein erleben. Insofern dachte ich an eine Reise als Annäherung, ich wollte einem Menschen nahekommen, der einen bleibenden Eindruck auf mich hinterlassen hatte. Denn nur vor Ort konnte ich nachfühlen, wie mein Vater in einer grandiosen Natur empfunden hatte, durch seinen Blick meinen Blick erweitern und auf Wirklichkeiten stoßen, die auch er wahrgenommen hatte. Nur vor Ort konnte ich all das sehen und finden, was er gesehen und gefunden hatte. Ich wollte Augenblicke einfangen, die meinen Vater innerlich reicher gemacht hatten, wollte für die Dauer einer

Afrikareise die unerbittlich verrinnende Zeit anhalten, wie man Momente auf einem Foto festhält.

Kurzum: Ich wollte in Afrika eine Brücke schlagen und mir meinen Vater noch einmal vor Augen rufen, wollte seine Erlebnisse mit eigenen Erlebnissen verbinden, seine Eindrücke und Erfahrungen mit einer neuen Reise beleben, ehe all die Erinnerungen unwiederbringlich im Strom der Zeit entschwinden.

Ich erinnere mich, dass ich ziemlich aufgeregt war, als ich eines Tages meinem Sohn Aaron von der Reise erzählte, die ich 30 Jahre zuvor mit meinem Vater geplant hatte. Auf dem Küchentisch hatte ich eine Karte von Ostafrika ausgebreitet und die Reiseroute eingezeichnet. Dann zeigte ich ihm die Tonbandkassette seines Opas, und gemeinsam hörten wir uns die Aufnahme an. Anschließend erklärte ich ihm meine Beweggründe ausführlich und fragte ihn, ob er sich vorstellen könnte, mit mir nach Tansania aufzubrechen.

»Ich möchte gerne mit dir die Reise machen, die ich vor vielen Jahren mit Opa Harry unternehmen wollte. Was meinst du? Hättest du Lust?«

Aaron überlegte nicht lange. Mit leuchtenden Augen lachte er mich an und sagte: »Papa, ich bin dabei. Ich weiß noch genau, wie begeistert Opa immer war, wenn er von seiner Afrikareise erzählte. Ich weiß, was ihm der Kilimandscharo bedeutet hat.«

Unterwegs mit meinem Sohn
Nichts ist wichtiger als das gemeinsame Erleben

Die Lust am Reisen packte Aaron im Alter von zwölf Jahren, als er mit meiner Frau Rita und mir nach Marokko flog. In Agadir, am südlichen Atlantik, genossen wir eine Woche Strand- und Badeurlaub, ehe wir mit dem Auto ins Landesinnere fuhren. Es war Aarons erste Berührung mit der Welt des Orients, die ihm geheimnisvoll und sagenhaft schön erschien. Er erlebte bizarre Felslandschaften mit kleinen Dörfern, die wie Vogelnester an den Berghängen klebten, bestaunte ockerfarbene Kasbah-Burgen, deren Lehmwände im Abendlicht rot leuchteten, fuhr mit uns über ausgedehnte Hochlandplateaus, deren Kargheit an Mondlandschaften erinnerte, lief über silbrig schimmernde Salzseen, spazierte zwischen immergrünen Palmenwäldern umher und rannte im Süden des Landes mit Freudengeheul durch goldene Sanddünenmeere. Er begegnete verschleierten Halbnomaden, die in indigoblaue Tücher gehüllt waren, lernte wettergegerbte Berber-Bauer kennen, die mühselig ihre Felder bewirtschafteten, lachte an der Atlantikküste mit Fischern, die auf ihren bunten Schiffen Wind und Wellen trotzten, und begeisterte sich am Anblick der bunten Basare in den Oasenstädten, über denen der betörende Duft exotischer Gewürze lag. Er machte große Augen, wenn er Töpfer, Gerber, Färber, Silber-, Gold- und Kupferschmiede beobachtete, die ihr Handwerk meist noch ebenso ausübten wie ihre Vorfahren und mochte es, wenn meine Frau und ich uns mit einem Kauderwelsch aus Arabisch, Englisch und vielsagenden Gesten verständigten. Ohne Berührungsängste ging er neugierig auf die Menschen zu und öffnete sich einer fremden Welt.

Der Schulalltag in Hamburg spielte für Aaron dagegen eine eher untergeordnete Rolle. Großen Ehrgeiz entwickelte er nicht; er mauschelte sich so durch, hatte tausend andere Interessen und verbrachte viel Zeit mit seinem Bruder Dirk, der 14 Jahre älter ist. Trotz des großen Altersunterschieds entwickelte sich zwischen den beiden eine enge Beziehung. Überdies war Aaron mit seinem lebensbejahenden und energiegeladenen Wesen von Kindesbeinen an ein Menschenfänger und Wildfang, der immer in Bewegung sein musste: Im Alter von drei Jahren lief er mit seinem Laufgitter kreuz und quer durch die Zimmer, als Vierjähriger raste er auf einem kleinen Fahrrad durch hügelige Parkanlagen und schlich sich mit einem gleichaltrigen Freund aus dem Kindergarten, um auf Entdeckungstour zu gehen. Stundenlang suchten wir die beiden Ausreißer, mussten schließlich die Polizei um Hilfe bitten, ehe man Aaron und seinen Freund fand; weinend standen sie an einer vierspurigen Schnellstraße und wussten nicht weiter.

Als Aaron 14 war, reisten wir nach Ägypten. In Dahab, einem kleinen Fischerdorf im Süden der Sinai-Halbinsel mit etwa 5000 Beduinen, machten wir zwei Wochen Familienurlaub am Roten Meer. Anschließend brachen Aaron und ich mit Dromedaren in die biblische Wüste Sinai auf. Zwei Beduinen begleiteten uns: Hamed, ein ortskundiger Freund, der im Sinai jede Quelle, jeden Brunnen und jede Akazie kannte, sowie sein 14-jähriger Neffe Machmud. Nur widerwillig kletterte Aaron damals in den Sattel. Sein Dromedar kauerte missmutig im Wüstensand, stieß Gurgeltöne aus und zeigte dabei beängstigend lange Zähne. Grünlicher Brei kleckerte ihm aus dem Maul, als sich das Höckertier wie eine Hebebühne aufrichtete. Aaron hielt sich verkrampft am Sattelknauf fest und thronte wenig später mehr als zwei Meter über dem Erdboden.

»Mensch, Papa, das kann doch nicht dein Ernst sein. Auf so einem Tier soll ich Hunderte von Kilometern durch die Wüste reiten? Mir tut ja schon jetzt der Hintern weh«, schimpfte er.

Ich schaute Aaron nur grinsend an und erwiderte: »Das wird schon!«

Und tatsächlich: Nach drei Tagen ritt er auf seinem Dromedar, als wenn er niemals etwas anderes getan hätte. Eine Woche später, als Aaron das unterschiedliche Schnalzen mit der Zunge beherrschte, mit dem die Beduinen die Gangart der Tiere bestimmen, wurde mir manchmal angst und bange, wenn er auf seinem Wüstenschiff über ausgetrocknete Flussbetten und durch zerklüftete Felsschluchten jagte. Über sein schmerzendes Hinterteil verlor er kein Wort mehr.

Auf dieser Wüstenreise lernte Aaron jeden Tag etwas Neues: Der junge Machmud demonstrierte ihm nicht nur den Umgang mit einem Dromedar, sondern zeigte ihm auch die spärliche Pflanzenwelt der Steinwüste. Er erfuhr, dass die Beduinen das Astwerk des Kapernbuschs als Brennholz schätzen, dass die Akazien als Zuckerbrot der Dromedare gelten, dass die getrockneten Dromedarmistkugeln zum Feueranzünden und von den Kindern als Spielsteine genutzt werden.

Morgens freute sich Aaron darüber, sich nicht waschen zu müssen, denn es gab nur einen Becher Wasser zum Zähneputzen. Und am Abend, wenn wir das Lager für die Nacht aufgebaut hatten, wenn das Fladenbrot in heißer Asche gebacken war und wir eine kräftige Suppe mit Zwiebeln, Tomaten, Paprika, Kartoffeln, Zucchini und *Fata* (gebratenes Lammfleisch) gegessen hatten, lag er auf seinem Schlafsack, schaute zu den Sternen hinauf und zählte die Sternschnuppen.

Zurück in Hamburg, sagte Aaron eines Abends am Küchentisch: »Das Leben im Sinai war echt geil. Wenn es mir mal schlecht geht, zieh ich einfach in die Wüste.«

★

Mit 18 hielt Aaron stolz sein Abiturzeugnis in Händen. Doch neben Freude spürte er auch Ernüchterung. Monatelang hatte er gebüffelt, Vokabeln und Formeln gelernt, hatte diskutiert und Referate erarbeitet. Und nun? Er hatte keine klare Vorstellung, wie es weitergehen sollte. Studium, Lehre oder etwas ganz anderes?

Auch auf dem fröhlich-munteren Abiball sagten einige seiner Schulfreunde immer wieder einen Satz, mit dem Aaron nichts anfangen konnte: »Endlich haben wir das Abi in der Tasche. Nun geht es richtig los!« Was sollte denn nun »richtig losgehen«, fragte er sich. Das richtige Leben? Das Erwachsenwerden? Eigentlich hatte er keinen Bock auf Erwachsensein! Ihm gefiel sein Leben, wie es war. Einerseits war er in den Schulalltag eingebunden und hatte ein klares Ziel vor Augen, andererseits machte er hin und wieder ein paar Ausflüge in die Welt der Erwachsenen. Er genoss das Pendeln zwischen den Generationen. Warum sollte sich jetzt alles ändern? Wieso konnte es nicht noch ein paar Jährchen so weitergehen?

Rita und ich dachten damals, dass Aaron vielleicht eine Auszeit gut tun würde, um all die Erwartungszwänge abzustreifen, unter denen viele junge Menschen nach dem schulischen Lernstress leiden. Vielleicht brauchte Aaron einfach etwas Abstand, Zeit für sich, um herauszufinden, was er weiterhin tun wollte.

Zur gleichen Zeit plante ich eine neue Wanderung: Auf der ehemaligen Reiseroute des deutschen Dichters Heinrich Heine (1797–1856), der vor fast 200 Jahren per Postkutsche von München nach Florenz reiste, wollte ich dieser 1500 Kilometer langen Strecke zu Fuß folgen, über die Alpen nach Italien. Ich erzählte Aaron von dieser Idee und fragte ihn, ob er Lust hätte, mich zu begleiten. »Drei Monate wären wir unterwegs«, sagte ich. »Viel Zeit, um den Kopf freizubekommen. Vielleicht kannst du dann besser entscheiden, welchen Weg du einschlagen möchtest.«

Aaron war sofort Feuer und Flamme. Und auch ich freute mich, dass mein Sohn spontan Lust hatte, mit seinem Vater auf Tour zu gehen. So hatten wir die Möglichkeit, unsere Beziehung zu vertiefen, denn das gemeinsame Erleben prägt doch die Tiefe menschlicher Beziehungen. Liebe, Verständnis, Vertrauen, Zusammenhalt und Respekt fallen nicht einfach so vom Himmel. Dafür muss man etwas tun, immer wieder. Eine gemeinsame Reise ist manchmal genau das Richtige.

75 Tage wanderten wir durch Wiesen und Wälder, über uralte Pflastersteine und blechstrotzende Asphaltadern, durchquerten schäumende Flussläufe und kraxelten über zerklüftete Bergflanken. Wir sahen traumhafte Landschaften, geschichtsträchtige Orte und schliefen nachts im Zelt oder in Pensionen. Von Tag zu Tag passte Aaron seinen Schrittrhythmus immer besser an seine Wahrnehmung an – und mit allen Sinnen und Gedanken war er schließlich ganz dort, wo seine Beine über Stock und Stein liefen. Dass es

beim wochenlangen Rucksackwandern auch mal Mückenstiche und Blasen gibt, dass die Kniegelenke, Bandscheiben oder der Rücken schmerzen, das akzeptierte er, ohne zu klagen.

Je länger wir unterwegs waren, desto mehr lebte Aaron auf. Der Lernstress und die belastenden Gedanken darüber, welchen Weg er zukünftig einschlagen sollte, fielen von ihm ab. Stattdessen beschäftigte er sich mehr und mehr mit seiner kleinen Foto- und Filmkamera, die er sich vor der Reise von seinem Taschengeld gekauft hatte. Immer wenn er etwas Interessantes entdeckt hatte, griff er zur Kamera, hob sie ans Auge, stellte Blende, Belichtung und Schärfe ein. Er knipste und filmte Menschen, Natur oder Lichtstimmungen. Der Umgang mit der Kamera faszinierte ihn – und von Woche zu Woche veränderte sich nicht nur sein Schauen, er nahm auch seine Umwelt ganz anders wahr.

Als wir nach drei Monaten von unserer Wanderung zurückkehrten, wusste Aaron, was er wollte: Er jobbte bei Film- und Veranstaltungsfirmen, arbeitete auf Reisemessen, im Theater, in Verlagsredaktionen und schloss unterschiedliche Praktika ab. Zwischenzeitlich war er immer wieder mit der Kamera unterwegs, fotografierte und filmte in Deutschland, Spanien, Schottland, Thailand und auf Island; es erschienen erste Fotoreportagen von ihm in renommierten Reisemagazinen; zudem erstellte er zahlreiche Videofilme von seinen Reisen. Schließlich besuchte er eine Schauspielschule, ehe er eine dreijährige Ausbildung als Mediengestalter (Bild und Ton) beim Norddeutschen Rundfunk absolvierte. Heute arbeitet er als freier Fotograf und Kameramann sowie beim NDR als Videojournalist.

Mittlerweile ist Aaron 27 Jahre alt. Er hat seinen Weg gefunden und ist kein Kind mehr. Irgendwann war er erwachsen. Eltern wissen, dass es so kommt. Es ist ein Prozess, der in Etappen verläuft. Über Jahre spüren Mütter und Väter gewisse Veränderungen, nehmen Entwicklungsphasen wahr. Und dennoch geht alles so schnell. Auch bei Rita und mir war das so. Eines Tages räumte Aaron sein Zimmer aus und zog mit Freunden in eine eigene Wohnung. Plötzlich war sein Zimmer leer. Der Kopf kann das verstehen, doch das Gefühl kommt nicht so ganz hinterher. Von nun an war Aaron ein Gast in seinem früheren Zuhause. Ein Gast mit Haustürschlüssel, der jederzeit kommen und gehen kann.

Auch unser gemeinsames Unterwegssein hat sich im Laufe der Jahre verändert, hat zuweilen für jeden eine andere Bedeutung. Wir reisen zusammen, doch jeder hat seinen eigenen Blick, wobei unsere Interessen manchmal nicht unterschiedlicher sein könnten. Dadurch entstehen gelegentlich auch mal Unstimmigkeiten oder Missklänge. Dann setzen wir uns zusammen, reden miteinander und suchen bei einem lebendigen Meinungsaustausch nach Lösungen. Solche Gespräche sind immer von gegenseitiger Toleranz geprägt; es sind Gespräche auf Augenhöhe, die jeden von uns bereichern, weil ungleiche Wahrnehmungen den Fokus für neue Perspektiven eröffnen.

Zudem können wir beim Unterwegssein wunderbar miteinander Schweigen, müssen nicht jede Begegnung oder jedes Erlebnis zerreden. Die Basis unserer Reisen sind Begegnungsneugier, Naturbegeisterung, die Lust am Zufußgehen, das Sich-Verstehen ohne Worte und das jahrelange Aufeinander-eingespielt-Sein.

Beim Wandern im Wald, über Wiesen und durch Wüsten haben wir erfahren, dass man sich außerhalb des gewohnten

Alltags ganz anders begegnet, sich anders kennenlernt und näherkommt, wenn man bereit ist, aufeinander zuzugehen, um die jeweiligen Herausforderungen anzunehmen.

Und wenn wir zu Hause gelegentlich bei einer Kanne Tee oder einem Glas Wein beisammensitzen und über die großen und kleinen Dinge in der Welt klönen, wandern unsere Gedanken irgendwann in die gleiche Richtung und einer fragt: »Weißt du noch?« Das sind Augenblicke, in denen Erinnerungen lebendig werden und wir Erlebnisse und Begegnungen von unseren Reisen noch einmal Revue passieren lassen, die uns die ganze Intensität des Unterwegsseins vermitteln. Immer sind wir uns dann einig, dass es im Leben nichts Wichtigeres gibt als das gemeinsame Erleben, die gemeinsam verbrachte Zeit.

*

Und nun eine neue Reise. Afrika. Tansania. Zehn Jahre nach dem Tod meines Vaters und 30 Jahre nach seinem Kilimandscharo-Aufstieg war es für Aaron und mich ein herrliches Gefühl, als der Tag des Aufbruchs näher rückte und wir die Ruck- und Packsäcke schnürten. Einmal mehr erlebten wir das beflügelnde Loslassen, wenn man sich vom gewohnten Alltag verabschiedet, sich in Bewegung setzt und erste Schritte in eine neue Richtung macht. Und einmal mehr war es die nomadische Lebensform des Zu-Fuß-Reisens, die uns lockte, einer der ältesten Triebe, die selbst der Zivilisationsmensch nur scheinbar verdrängt hat.

Wie unsere Urahnen lieben Aaron und ich das gelegentliche Eintauchen in einen schier grenzenlosen Naturraum, in dem der Horizont einen durch nichts gebrochenen Kreis bildet. In diesen ursprünglichen Landschaften, in denen man beim Wandern nicht nur ungeahnte Entdeckungen machen kann, sondern auch sich selbst begegnet und Antworten auf existenzbewegende Fragen findet, schreiten wir dann voran, einen Fuß vor dem anderen. Denn: »Wege entstehen dadurch, dass man sie geht.« Diese Worte von Franz Kafka hatten schließlich auch meinem Vater vor mehr als 30 Jahren Beine gemacht, um in Afrika seinen Traum zu leben.

ZWEITER TEIL

Im Land der Massai

Ich erinnere mich an keinen einzigen Morgen in Afrika, an dem ich erwachte und nicht glücklich war.

Ernest Hemingway (1899–1961),
›Die Wahrheit im Morgenlicht‹

Weite, Wolken und Vulkane
Vom Ngorongoro-Krater ins Land der Hügel und Dornen

Eine Reise in den Norden Tansanias war in alten Zeiten eines der größten Abenteuer. Nicht nur, weil sich dort eine unbekannte Wildnis befand, sondern auch aufgrund der kriegerischen Massai, die jeden Fremden verachteten und vertrieben. Für die Europäer war es eine verborgene Weltecke voller Rätsel und Geheimnisse. Ein magisch-mystisches Land, umrankt von Sagen und Legenden, mit wilden Tieren, feuerspeienden Vulkanen, namenlosen Bergriesen und endlosen Savannen.

Mehr als 100 Jahre später, findet man auch heute noch im Norden Tansanias viel Einsamkeit, Weite und Wildnis. Dorthin, so haben wir uns vorgenommen, soll unsere Reise führen. Mitten hinein in die Unendlichkeiten aus Hitze und Wind, denn das Unbegreifliche an der menschenfeindlichen Wildnis ist ihre Schönheit.

In Arusha, der Hauptstadt der gleichnamigen tansanischen Region, die auf einer Höhe von 1400 Metern liegt, etwa 90 Kilometer südwestlich des Kilimandscharo-Massivs, beginnt unsere mehrwöchige Exkursion ins Innere Afrikas. Der Ort wurde zur deutschen Kolonialzeit, im Jahr 1900, als Militärposten gegründet. Heute zählt die ständig wachsende Stadt fast eine halbe Million Einwohner. Zwischen gläsernen Bürogebäuden, traumhaften Stadtvillen und kleinen, würfelförmigen Häusern, deren Putz von den Wänden bröckelt, lassen wir uns treiben und geraten in einen Strudel von Geräuschen, Stimmen und Gerüchen. Wir sehen Gesichter aller Schattierungen. Überall Menschen, Motorräder und Autos. Zusammengeflickte Taxis rattern mit lautem Gehupe durch die Straßen. Die Busse sind zum Bersten voll. Blubbernde Auspuffrohre pusten Abgasschwaden in die Luft. Es riecht nach Benzin. Radfahrerfluten klingeln, Zeitungsjungen springen mutig durch das Blechchaos, Schuhputzer bespucken ihre Lappen. Irgendwo heult eine Polizeisirene. Arusha ist laut, heiß und stickig, diese Stadt hat den Rhythmus des Landes.

Weiter im Strom der Massen, in immer neue Straßen und Viertel: Wir hören Hahnengeschrei und Hundegebell, sehen stolze Eltern mit herausgeputzten Kindern, Frauen in farbenfrohen Kleidern. Und dann der Markt, die Seele der Stadt. Überall werden Waren gehandelt und feilgeboten: geflochtene Körbe und Bastmatten, Stoffe und Decken, Bananen und Mangos, Reis und Hirse, Rinderhälften und Hammelkeulen, Handys und Fernseher, Armreifen und Halsketten, Nagellack und Backwaren, getrocknete Gewürze und geschnitzte Holztüren. Garköche bieten Krapfen, Fleischklöße und gekochte Eier zum Verkauf an. Mittendrin: große, dunkle Kinderaugen, die das bunte Treiben aufmerksam verfolgen oder mit selbst gebastelten Drahtautos spielen. Hier und da bieten sich Einblicke in die offenen Werkstätten der Handwerker. In engen Seitengassen türmt sich der Abfall, herrscht Gestank und Armut. Junge Mütter mit kleinen Kindern und gebeugte Alte mit leeren Augen sitzen im Schatten auf den Fußwegen und betteln wortlos.

Unzählige Bilder und Eindrücke nehmen uns gefangen. Arusha ist vielschichtig und lebendig. Arusha lügt nicht, ist eine Herausforderung für alle Sinne, bildet ein schwer zu durchdringendes Gewebe, das uns einhüllt.

An einem frühen Morgen im Juli beladen wir den Geländewagen vor unserem Hotel. Die Ausrüstung, das Foto- und Filmequipment sowie der Proviant und das Trinkwasser sind in Kanistern, Kisten, Pack- und Rucksäcken verstaut. Wir haben das Gefühl, als hätten wir viel zu viel mit, aber wir können nicht wissen, in was für Situationen wir kommen. Wir, das sind Rainer Blank, der Kameramann, Carsten Westphal, der Expeditionsmaler, sowie Aaron und ich. Wir vier träumen den gleichen Traum, wollen jener Reiseroute folgen, die ich vor mehr als 30 Jahren mit meinem Vater geplant hatte. Die Route ist in unseren Köpfen fest verankert: der Ngorongoro- und der Empakaai-Krater, der Vulkan Ol Doinyo Lengai, der Natronsee, die Salei-Ebene, die Gol Hills, die Serengeti, die Olduvai-Schlucht – und dann der Kilimandscharo.

Der Himmel ist noch ein Tuch ohne Farbe, als wir im vollbeladenen Wagen das schlafende Arusha verlassen. Auf einer asphaltierten Straße fahren wir in Richtung Südwesten ins Morgenlicht. Zartvioletter Dunst liegt über dem Land. Stunde um Stunde passieren wir zahllose Dörfer und eingezäunte Weizenfelder, Gemüse-, Obst- und Kaffeeplantagen, die kilometerweit ordentlich in Reih und Glied stehen. Auf einer Strecke von 180 Kilometern geht es über Kisongo, Makuyuni und Mto Wa Mbu zu unserem ersten Zielort: der Ngorongoro-Krater – am Rande der Serengeti.

Voller Ungeduld erreichen wir um die Mittagsstunde die Hänge des gewaltigen Einbruchkraters, atmen Luft, die nach Fruchtbarkeit und Würze riecht. In engen Serpentinen schlängelt sich die Fahrspur durch immergrüne Urwaldszenerien, die düster und menschenabweisend wirken, als dichter Nebel seinen grauen Mantel über die Landschaft wirft. Die Fernsicht verschwimmt und unser Fahrer hat alle Mühe, den Wagen über die halsbrecherische Piste zu kutschieren. Immer wieder kurvt er um tiefe Schlaglöcher herum, sodass wir den Urwaldhängen bedrohlich nahe kommen und dornige Zweige gegen die Frontscheibe peitschen. Dann schlittert der Wagen in losem Sand, wird aus der Spur gerissen und rumpelt kurz darauf durch schlammige Wasserbrühe, kippt leicht und robbt unter Motorgewürge über zerberstendes Astwerk und Geröll weiter. Gleichwohl schauen wir fasziniert in eine üppige Waldwildnis mit eigentümlichen Baum- und Pflanzenarten. Nur mit flüchtigen Blicken können wir das verflochtene Urwaldgrün zwischen den dichten Nebelschwaden wahrnehmen.

Als wir den Ngorongoro-Höhenkamm überwunden haben und auf der anderen Seite die bewachsenen Hänge hinabfahren, wo mächtige Baumstämme mit abgeblätterter Rinde aufragen, hebt sich der Nebel. Die Landschaft entschleiert sich. Der Himmel, eben noch düster und glanzlos, wird blau, während wir in eine tiefe, ovale Kraterschüssel blicken. Wir kommen in das Schutzgebiet des Ngorongoro-Kraters, die größte Caldera der Welt, die nicht mit Wasser gefüllt ist.

Wir brauchen eine Weile, um zu erfassen, was wir da sehen. Zu fantastisch ist die riesige Kratersenke, in der Savannen, Sümpfe, Seen, Buschland und Wälder ein einzigartiges Biotop bilden.

*

Seit 1978 zählt der Ngorongoro-Krater mit einer Fläche von 260 Quadratkilometern und einem Durchmesser von etwa 18 mal 15 Kilometer zum UNESCO-Weltnaturerbe. Vor Millionen von Jahren ist er entstanden, als ein gewaltiger Vulkanberg in sich zusammenstürzte.

»Es ist unmöglich, in Worten die Größe und Schönheit des Kraters wiederzugeben. Er ist eines der Weltwunder«, sagte einst der deutsche Tiermediziner und Zoologe Bernhard Grzimek. Anfang der 1960er-Jahre gründete er mit der Unterstützung der Zoologischen Gesellschaft Frankfurt das Serengeti Research Institute, das die großen Tierwanderungen im afrikanischen Rift Valley sowie das Verhalten der Wildtiere erforschen sollte. Gemeinsam mit seinem Sohn Michael untersuchte Bernard Grzimek die natürlichen Lebensumstände der Tiere in den ostafrikanischen Weiten. Für diese Forschungsarbeiten machte das Vater-Sohn-Gespann 1957 einen Flugschein und kaufte ein speziell ausgerüstetes Kleinflugzeug. Es war eine mit schwarz-weißen Zebrastreifen lackierte Dornier Do 27. Mit diesem Flugzeug starteten sie in Richtung Tansania, zu einem einzigartigen Projekt: Aus der Luft verfolgten sie die jährlichen Migrationsrouten der großen Herden und führten mit einem neu entwickelten Zählungsverfahren eine Bestandsaufnahme der wandernden Tiere durch, um die Grenzen des Serengeti-Nationalparks neu zu bestimmen.

Bei den Dreharbeiten zu dem Film ›Die Serengeti darf nicht sterben‹, der 1960 mit dem Oscar für den besten Dokumentarfilm ausgezeichnet wurde, starb Bernhard Grzimeks 24-jähriger Sohn. Seine Dornier Do 27 kollidierte mit einem Gänsegeier. Das Tier verfing sich im Propeller und die Maschine stürzte ab. Noch am selben Tag, es war der 10. Januar 1959, wurde Michael Grzimek am Rand des Ngorongoro-Kraters begraben. Über seinem Grab wurde eine Steinpyramide errichtet, die die Regierung Tansanias stiftete.

28 Jahre später starb Bernard Grzimek 1987 in Frankfurt während eines Zirkusbesuchs an einem Herzinfarkt; seine

Urne wurde später nach Tansania überführt und neben dem Grab seines Sohnes beigesetzt.

*

Eng verbunden ist der Ngorongoro-Krater auch mit dem Namen des österreichischen Ethnologen, Geografen und Kartografen Oskar Baumann (1864–1899), der seinerzeit zahlreiche Regionen Ostafrikas erforschte. Seine außergewöhnlichste Expedition unternahm er 1892/93. Von der Küste des Indischen Ozeans wanderte er mit 200 Begleitern durch das heutige Tansania, kartografierte die Massai-Steppe, entdeckte den Ngorongoro-Krater, der damals noch von den Massai besiedelt war. Weiter reiste Baumann dann zum Victoria- und zum Tanganjikasee, ehe er die Quelle des Kagera-Nils am Luvironza erreichte, der den Nil speist.

Seitdem Oskar Baumann durch diese Regionen Tansanias gewandert ist, hat sich rund um den Ngorongoro-Krater viel verändert. Das Entscheidendste ist wohl dies: 1959 wurde die Ngorongoro Conservation Area gegründet, ein 8292 Quadratkilometer großes Landschafts- und Tierschutzgebiet, das inmitten des Großen Ostafrikanischen Grabenbruchs liegt. Zentrum dieses einzigartigen Areals ist der Ngorongoro-Krater selbst, in dem etwa 25 000 Großsäuger leben. Hier findet man nicht nur die höchste Raubtierdichte Afrikas, sondern auch eine große Anzahl von Zebras, Gnus, Kaffernbüffeln, Flusspferden, Elenantilopen, Grant- und Thomson-Gazellen.

Im Schritttempo fahren wir im Geländewagen auf einer sandigen Piste in den Krater hinein. Die Flora ist hier von Kurzgrassavanne und Akazienbäumen geprägt, hin und wieder können wir auch einige Wasserstellen erkennen. Die 400 bis 600 Meter hohen Kraterwände, die majestätisch in den blauen Himmel ragen, sind mit Wäldern, Busch- und Heidekraut bewachsen.

Auf den ersten Blick ist der Ngorongoro-Krater viel größer und gewaltiger, als wir ihn uns vorgestellt haben. Die Natur wirkt auf uns, wie man sich Afrika in seinen unschuldigen Tagen vorstellt. Wie es damals vor fast 130 Jahren gewesen sein muss, als Oskar Baumann als erster Europäer diesen entlegenen Raum betreten hat. Während wir fasziniert aus dem fahrenden Auto schauen und kaum in Worte fassen können, was wir sehen, stelle ich mir vor, wie Baumann unter dem schattenspendenden Astwerk einer Akazie liegt. Steppenzebras mit filigranem schwarz-weißem Streifenmuster wandern über eine Hügelkette; eine Hyäne läuft rastlos zwischen den Bäumen hin und her, angelockt von einem Tierkadaver; ein schläfriges Löwenpärchen streift geruhsam an einem Flusslauf entlang; zwei ausgewachsene Nilpferdköpfe tauchen prustend aus einem See auf, ihre Rachen so groß wie Baggerschaufeln; eine Gepardin ruht neben ihrem Jungen im Schatten einer Akazie; einige Büffel stehen mit mächtigem Gehörn respekteinflößend beisammen, während Madenhacker Parasiten aus ihrer Haut picken.

Und immer wieder Herden, Tausende Tiere, die sich in Gruppen und Familienverbänden grasend über die Steppe bewegen. Nirgendwo sonst auf der Welt gibt es solch riesige Wildtieransammlungen.

Staunend sehen wir Bilder und Szenen in freier Natur, die jeder Mensch einmal im Leben gesehen haben sollte, um zu begreifen, dass diese Tierwelt für die Ewigkeit bewahrt bleiben muss. Es ist eine grandiose und harte Welt, die keine Fehler, keine Schwächen durchgehen lässt. Jeder unaufmerksame

Augenblick, jede nachlassende Kraft, kann in dieser albtraumhaft schönen Wildnis das Ende bedeuten. Und jeder Augenblick offenbart uns die ganze Intensität des Da-Seins.

Schon der fremdartige Klang des Wortes Ngorongoro entspricht der Magie dieser Landschaft, die einem zeitlos scheinenden Paradies gleicht, in dem die Tiere aber nicht für sich sind. Immer wieder tauchen Geländewagen mit Touristen auf, die durch das offene Savannengebiet des schüsselförmigen Kraters fahren. Seit vielen Jahren schon kommen Touristen hierher, angelockt von der Bilderbuch-Romantik Afrikas. Safaris sind *in* und die Tiere scheinen sich wirklich an die Menschen gewöhnt zu haben. Der Tourismus ist in Tansania mittlerweile zum größten Devisenbringer geworden. 2017 kamen eine Million Touristen, die dem Staat rund 2,02 Milliarden Euro einbrachten. Die Regierung sowie die Reiseindustrie wollen noch mehr.

Es ist absurd: Tiere und Landschaften werden vor allem in Nationalparks geschützt, um mit ihnen Geld zu machen. Doch die Zahl der Wildtiere sinkt in den Nationalparks, vor allem durch Wilderer und Trophäenjäger; die Zahl der Rinder, die von den Massai zum Weiden illegal in die Schutzgebiete getrieben werden, hat sich dagegen vervielfacht – und auch die Bevölkerung wächst, Menschen brauchen Platz, Nahrung und Arbeit.

All diese Probleme sind in Tansania deutlich sichtbar, doch die Bewahrung der ursprünglichen Naturrefugien darf dennoch nicht vernachlässigt werden. Einer weltweiten Modernisierungs- und Globalisierungskatastrophe darf nicht die Zerstörung der afrikanischen Lebens-, Tier- und Naturwelt folgen. Denn die Dreieinigkeit von Mensch, Tier und Landschaft ist die Basis unseres Lebens. Diese Gewissheit muss sich in unserem alltäglichen Denken und Handeln noch viel stärker verankern, muss in das kollektive Bewusstsein der Menschen übergehen, um mit wirkungsmächtiger Hilfe die Naturbühnen der größten Wildtierherden in Afrika zu schützen, die zu den kostbarsten Schätzen unseres Planeten zählen.

★

Am nächsten Tag fahren wir im Geländewagen weiter nach Westen zum Empakaai-Krater. Im tansanischen Hochland der Vulkane holpern wir über zerfurchte Pisten mit Geröll, Lockersand und Steinblöcken. Eng und spitzwinklig sind die Fahrwege, sodass der Wagen meist nur im Schritttempo vorankommt. Die Landschaft wird deutlich wilder und einsamer, als wir den Olmoti-Krater passieren und durch wucherndes Busch- und Baumgewirr die üppigen Hänge des Empakaai-Kraters hinaufschlingern. Immer wieder rutscht der Wagen im lockeren Geröll, hüpft über tiefe Schlaglöcher, geht manchmal regelrecht in die Knie und federt wieder empor. Feiner Sand stäubt durch die Spalten der Fenster und Türen, legt sich auf unsere Gesichter und Kleidung, reizt zum Husten.

Schier endlos erscheinen uns die Stunden, ehe unser Fahrer am Kraterrand anhält und den Motor abstellt. Aus einer Höhe von 2600 Metern bietet sich uns ein malerischer Ausblick: Umgeben von 300 Meter hohen Kraterwänden, die dicht bewaldet sind, schimmert in der Tiefe der Caldera ein kreisrunder See mit einem Durchmesser von etwa sechs Kilometern. Wie ein Juwel funkelt das leicht alkalische Gewässer inmitten üppig grüner Vulkanwände. An den Ufern des Sees sehen wir Flamingos, Stelzenläufer und Kapenten (Fahlen-

Im Norden Tansanias: Zu Fuß und mit Maultieren ziehen wir durch einsame Berg- und Savannenlandschaft. Massai-Guides begleiten uns.

Abenddämmerung über der Savanne.

Mit meinem Vater Harry kletterte ich im spanischen Sandsteingebirge von Montserrat.

In der Caldera des Empakaai-Kraters hat sich ein sodahaltiger See gebildet (Bild oben).

Wasserfälle in den Mosonik Hills bilden die Quelle des Engare-Sero-Flusses (Bild unten).

Der Ngorongoro-Krater und die Serengeti sind faszinierende Refugien für die bedrohte Tierwelt: Hier begegnen wir Zebras, Giraffen, Löwen, Geparden, Elefanten und Büffeln.

In den Schluchten der Gol Hills:
Täglich treiben die Massai ihre Ziegen und Rinder
zur Tränke an die wenigen Wasserlöcher.

Bis zum Horizont erstreckt sich die Grasfläche der Salei-Ebene (Bild oben).

Am Rand der Savanne leben die Massai, deren Frauen sich mit kunstvollen Ketten und Ohrringen schmücken (Bilder unten).

Die Massai sind das wohl bekannteste ostafrikanische Volk.
Ihr farbenprächtiges Äußeres, ihre aristokratische Haltung und
ihr Stolz sind beeindruckende Wesensmerkmale.

Am Fuße des aktiven Vulkans Ol Doinyo Lengai,
der für die Massai ein heiliger Berg ist,
wandern mein Sohn und ich durch das weite Grasland.

ten). In den Bäumen und Wipfeln turnen Sikes Monkeys (Weißkehlmeerkatzen), die, wie ihr Name schon andeutet, einen Kranz aus weißen Haaren im Kehl- und Halsbereich haben.

Über uns wölbt sich ein pastellfarbener Himmel mit märchenhaften Wolkenfiguren. Ringsum ein Meer von Farben.

Das ist definitiv ein Ort mit Aura.

Auf einer Lichtung im dichten Grün treffen wir verabredungsgemäß unsere Massai-Guides, Sami und Alex, die ein Camp mit Zelten und Feuerstelle errichtet haben. Um die Schultern haben die beiden schlanken und hochgewachsenen Massai-Männer, mit denen wir in den nächsten Tagen durch *ihr* Land wandern wollen, einen roten Umhang geschlagen. Das traditionelle Kurzschwert hängt an einem Gürtel. An den Füßen tragen sie Gummisandalen, die aus Autoreifen gefertigt sind. Mit strahlenden Mandelaugen und stolzer Bescheidenheit treten sie auf uns zu. Wir machen uns gegenseitig bekannt. Und als wir sagen, wie geehrt wir uns fühlen, dass sie uns durch ihr Land begleiten werden, drücken sie uns erneut die Hand und murmeln »Asante«, was so viel wie »Danke« heißt.

Sami und Alex sind Mitte 30, sprechen gut Englisch und arbeiten hin und wieder für Reiseagenturen als Trekkingführer. Im Nu haben sie uns davon überzeugt, dass sie für unser Vorhaben genau die Richtigen sind. Die beiden sind äußerst zuvorkommende, selbstgenügsame und bescheidene Menschen. Zudem verfügen sie über den Stolz und die Körpergröße, für die die Massai seit eh und je bekannt sind.

Die auffälligen Unterschiede zwischen ihnen und uns, ihr farbenprächtiges Äußeres, ihre aristokratische Haltung, ihre auffällige Selbstsicherheit und ihre gelassene Gestik, beeindrucken besonders meinen Sohn, während ich mich bei der Begegnung mit unseren Guides ein bisschen heimisch fühle, sowie ich an jene fernen Tage zurückdenke, als ich mit einer Massai-Großfamilie durch die Savanne zog.

Später, nach dem gemeinsamen Essen, als sich Dunkelheit und Kälte über den Krater-Urwald legen, ziehen wir Pullover und Jacken über und rücken um das warme Feuer zusammen, denn von Juni bis August wird es auf dem fast 3000 Meter hohen Empakaai-Krater empfindlich kühl.

Mit seinen langgliedrigen Fingern stellt Sami eine Blechkanne mit Kaffee in die heiße Asche und stochert mit einem Stock in der Glut. Tanzende Flammen bringen das kochende Getränk zum Zischen, während ich von meinem Vater erzähle und den Massai-Männern die Beweggründe unserer Tansaniareise schildere.

Je später der Abend, desto offener werden Sami und Alex. Sie berichten uns von ihrem Leben, in dem sie zwischen der alten Tradition der Massai und der zivilisierten Moderne mit all den westlichen Einflüssen pendeln. Das wird besonders deutlich, als Sami sein summendes Handy unter der roten Toga hervorholt und lachend sagt: »Das ist alles Globalisierung!« Diese spaßig gemeinten Worte sind es, die uns den Verlauf einer sich immer rascher verändernden Welt klarmachen, in der der Primitivismus eines stolzen Nomadenvolkes mehr und mehr verloren geht.

Weit nach Mitternacht schimmert die eisige Klarheit des Sternenhimmels über uns, zigtausend kleine Edelsteine funkeln. Andächtig lauschen wir in die Nacht, hören vielstimmige Geräusche: das Kreischen der Affen, das Geschwirr der Vögel. Mittendrin schrille Rufe, seltsames Schnaufen, ein Fauchen und Brüllen. Zwei Stunden geht das so.

Dann Stille.
Alle Laute verstummen.
Den Rest des nächtlichen Konzerts bestreiten Frösche und Zikaden.

*

Tags darauf treiben mehrere Massai aus einem nahegelegenen Dorf 20 Maultiere herbei, denen ein Berg von Gepäck – Zelte, Schlafsäcke, Kochutensilien, Lebensmittel und Trinkwasser – aufgeladen wird, denn auf dem Weg, den wir durch die Bergwildnis bis zum Natronsee nehmen wollen, gibt es selbst für geländegängige Fahrzeuge kein Vorankommen. Unser einheimischer Fahrer steuert unterdessen den Wagen nach Nordwesten, schlägt einen weiten Bogen um Berge, Schluchten und Vulkane, um uns in einigen Tagen am Natronsee wiederzutreffen.

Wir dagegen haben uns ganz bewusst für das Zu-Fuß-Reisen entschieden. Wir wollen im Gehen, Sehen und Hören einen abgeschiedenen Winkel Afrikas erleben, wollen in jene Weiten hineinwandern, in denen es für die Augen keine Grenzen gibt. Schritt für Schritt wollen wir für all die Dinge offen sein, die die Wildnis für uns bereithält.

Das sind unsere Gedanken, als wir erwartungsvoll in das Land der Massai aufbrechen, wie ich es einst mit meinem Vater geplant hatte.

Vier ortskundige Massai gehen mit 16 Maultieren voran, die die gesamte Ausrüstung für die kommenden Nächte in Packsäcken, Taschen und Kisten transportieren. In Reih und Glied stapfen die Grautiere hinaus in die Wildnis, bilden sozusagen die Vorhut. In großem Abstand folgt unsere Gruppe. Sami und

Alex übernehmen die Führung, treiben vier bepackte Maultiere voran, die das Tagesgepäck sowie das Foto- und Filmequipment tragen. Dahinter gehen Aaron, Rainer, Carsten und ich. Den Schluss bildet ein bewaffneter Ranger in grüner Uniform, groß und hager. Er begleitet uns »wegen der Wildtiere«, so heißt es. »Hier gibt es Büffel, Löwen und Geparde.«

In klarer Luft wandern wir auf dem Rand des Empakaai-Kraters und folgen einem sandigen Nutztierpfad, der durch Regenwald führt. Zu beiden Seiten des Weges erstreckt sich ein wildes Pflanzendickicht: hohe Bäume mit bemoosten Ästen, hüfthohe Gräser, farbenprächtige Blumen und wildwuchernde Sträucher mit nadelspitzen Dornen. Vereinzelte Lichtungslücken bieten hin und wieder einen atemberaubenden Blick in die Vulkanschüssel. Tief unten schimmert das Wasser des Kratersees erbsengrün.

Gehen und Sehen sind eins, sie fließen untrennbar ineinander. Wir sehen mehr, als wir in uns aufnehmen können und empfinden eine tiefe Dankbarkeit, in dieses wilde Refugium eintauchen und an einer sinnlichen Welt von Schönheit und Schrecken teilhaben zu dürfen. All das haben wir vor allem unseren Massai-Guides zu verdanken, die wunderbare Begleiter sind, wenngleich sie unterschiedlicher nicht hätten sein können.

Während wir Alex als einen eher ruhigen und zurückhaltenden Menschen kennenlernen, der, durchdrungen von einem jahrzehntelangen Leben in der Natur, uns viele soziale und kulturelle Strukturen seines Volkes vermittelt, strahlt Sami mit seinem jungenhaften Lächeln ungekünstelte Heiterkeit aus. Neben seiner ausgelassenen Lebensfreude ist er ein wunderbarer Geschichtenerzähler. Sein Redefluss gehört nicht nur zur Tradition der Massai, sondern passt auch gut in die Landschaft, die von zahllosen Legenden umrankt ist. Es sind Geschichten, halb real, halb erfunden, die jene These belegen, dass Mythen niemals wahr sind, aber immer wahr bleiben.

Als wir den Regenwald hinter uns lassen, weitet sich die Landschaft. Vor uns erstrecken sich sanft gewellte Hügel, die mit grünem Vegetationsflor überzogen sind. Hier weht ein starker Wind, der pulvrige Staub- und Sandpartikel mit sich führt, die in den Augen brennen und das Atmen erschweren. Nur mühsam kommen wir mit unseren Maultieren in dem aschbraunen Gestiebe voran. Immer wieder entschwindet der Weg in den Staub- und Sandböen.

Aber schon das Wort *Weg* ist falsch. In diesem Teil der Welt gibt es kaum breite Wege. Hier gibt es nur Wellen, Kurven, Abbrüche und winzige Pfade, die in zahllosen Windungen, Schleifen und Verzweigungen hinauf- oder hinunterführen. Nirgendwo eine gerade Strecke oder Linie. Der Boden ist geschwungen, gewölbt und gekrümmt, hat nicht enden wollende Schrägen und Flanken, die jede Art des Gehens erschweren. Und dennoch spüren wir beim stetigen Voranschreiten oder beim gemeinsamen Austausch, wenn wir rasten, ein glückliches Gefühl der Allgegenwärtigkeit.

Wie in einem Traum tauchen zwischen den lang gestreckten Hügelketten ab und an ein paar Menschen mit ihren Rindern auf. Ganz plötzlich erscheinen sie in der Ferne auf einer erhöhten Graskuppe. Eingehüllt in rote Tücher, zieht dort eine Gruppe Massai-Männer singend durch die Weite. Manchmal sehen wir auch einige Frauen, die auf ihren Rücken Körbe mit Brennholz oder Gräsern tragen. Ein anderes Mal sind es Kinder, die ein paar Schafe und Ziegen über einen steilen Hang vor sich hertreiben. Der Wind weht ihre Geräusche und Gerüche zu uns herüber. Die Gangart der Männer, Frauen und Kinder unterscheidet sich auffällig von der unsrigen. Ohne auf den Erdboden zu schauen, gehen sie mit leichtfüßigen Schritten, unbelastet und federleicht über die Grasflächen. Es ist, als würden sie unsichtbaren Spuren folgen, die zu ihren Dörfern in der Tiefe der Täler führen. Ihr fließendes Dahinschreiten ist nomadische Existenzgrundlage, wirkt ebenso kraftvoll wie geschmeidig, gleicht dem Gang einer Gazelle, vermittelt aber auch Arroganz, was ihrem Wesen und ihrem naturnahen Leben entspricht.

Irgendwann spüre ich beim gleichmäßigen Schrittrhythmus wieder dieses wunderbare, altvertraute Kribbeln in mir, hervorgerufen durch die Freude am Gehen. Es ist einfach ein herrliches Gefühl, wenn das konstante Voranschreiten über Gras, Sand und Gestein zu einer Art Meditation wird. Die Langsamkeit des Fußreisens ermöglicht mir überdies wunderbare Gedankentrips. Dann setzt sich etwas in Gang, das aus der Tiefe meines Inneren an die Oberfläche dringt – und ich denke mir meinen Vater ins Bild, wie er neben mir geht, als wäre er wieder lebendig. Schweigend wandern wir Kilometer für Kilometer über schmale Schlängelwege und grasbewachsene Hügelketten. So malt die Erinnerung!

Wie seltsam es doch ist, dass mir die konzentrierte Rückschau immer wieder so intensive Gegenwartsszenen vermittelt, die das ganze Ich mit scheinbar greifbaren Sinneseindrücken durchdringen, obwohl es allein die Vorstellungskraft ist, die mir nichts anderes als imaginäre Wunschbilder vorgaukelt.

*

Weiter. Unter einem fahlblauen Himmel treten die ersten Massai-Dörfer in unser Sichtfeld, die zwischen grünen Hügeln liegen. Nur eine Handvoll Rundhütten aus Ästen, Lehm und

Kuhdung, die von einem etwa zwei Meter hohen Dornbuschwall umgeben sind, bilden jeweils ein Boma. Sami und Alex, die in dieser Region gut bekannt sind, stellen uns in einem der Dörfer den Großfamilien vor. Ohne Scheu werden wir begrüßt. Beim Handschlag, der bei den Massai nicht üblich ist, klatschen Männer, Frauen und Kinder die Handfläche nur kurz ab, sie fassen nicht richtig zu. Alle sind umgänglich und freundlich, es gibt keine ablehnenden Gesten. Männer fragen, woher wir kommen, wohin wir wollen. Frauen mit Babys auf dem Rücken sehen uns stumm an, während sie mit trägen Fächelbewegungen Fliegen abwehren.

Gleichwohl spüren wir eine unsichtbare Mauer, fühlen uns trotz aller Freundlichkeit ausgeschlossen.

Unvermittelt stellt sich ein Dutzend junger Frauen wie bei einem Fotoshooting auf. Wir sollen sie fotografieren, natürlich gegen Geld. Dann zeigen sie uns ihren Schmuck, bieten uns Ketten und Armreifen an – auch gegen Geld. Sie lachen fröhlich, verschmitzt und unbekümmert. Also kaufen wir einige Schmuckstücke und fotografieren die jungen Frauen, die, ohne eine Miene zu verziehen, in die Kamera schauen. Diese Blicke! Aaron und ich drücken auf den Auslöser für einige Bilder. Doch wir schämen uns, fühlen uns unsicher. Es gibt Dinge und Augenblicke, die kann man nicht fotografieren.

*

Weiter. Tage und Landschaften ziehen dahin. Wirklichkeit und Traum verschwimmen. Das Unterwegssein bekommt einen Rhythmus. Da ist das stetige Gehen zwischen endlosen Hügelketten und ausgetrockneten Flussläufen. Da sind die überwältigenden Ausblicke, unwirklich und erhaben zugleich, die uns über all die Anstrengungen hinweghelfen. Und da ist die tägliche Mittagsrast: Schläfrig lehnen wir zwischen knorrigem Gesträuch an Felsbrocken. Dann gehen wir weiter im Wind, stundenlang, bis zum Sonnenuntergang. Das Nachtcamp. Wie hingezaubert stehen unsere Zelte in der Landschaft. Anhalten und Abladen. Mit geübten Griffen hieven wir den Maultieren das Gepäck von den Rücken. Abendessen. Eine Stunde später fällt die Nacht herein. Im Windschatten einiger Büsche hocken wir um das Feuer, dessen Schein in die Dunkelheit vordringt. Qualm erfüllt die Luft, brennt in den Augen. Dicht beieinander stehen die Silhouetten der Maultiere im hellen Mondschein, bewegen sich grasend zwischen den Zelten. Gespräche unter dem Sternenhimmel. Tausendmal mehr Sterne als zu Hause. Herrlich, die Milchstraße! Herrlich, das ermattete Ausstrecken auf dem Schlafsack!

Der nächste Morgen: aufstehen, Katzenwäsche, Frühstück. Erste Sonnenstrahlen tasten sich durch aufgerissene Wolkenbänke. Alex entdeckt rund um das Lager handtellergroße Löwenspuren, ganz frisch. Dann werden die Maultiere wieder beladen. Erneuter Aufbruch. Vormittags geht es über Geröll und schroffe Gesteinsplatten. Vorsichtig tasten sich unsere Grautiere mit metallischem Hufklirren über zerklüftetes Felsterrain. Am Nachmittag trotten sie durch dichtes Buschwerk, laufen oft bockig in die falsche Richtung. Mit einigen Stockschlägen bringen Sami und Alex die störrischen Tiere wieder auf Kurs.

Ganz bewusst umgehen wir auf unserer Route die 15 bis 20 Meter hohe Gelbrinden-Akazie, die auch Fieberbaum genannt wird. Mit ihrer weit ausladenden Baumkrone und der lindgrünen bis grüngelben Rinde gilt sie als Brutstätte der Malaria.

Schwierig ist das Durchwandern hochwüchsiger Pfeifendornakazien, die gelegentlich eng beieinanderstehen. Und dort, wo kaum ein Durchkommen ist, bleiben die Maultiere mit ihrem überragenden Gepäck am stacheligen Astwerk hängen. Dickköpfig versuchen sie, sich zwischen den Stachelbäumen durchzuzwängen, anstatt eine weniger beschwerliche Pfadvariante zu wählen. Vergeblich laufen sie gegen das widerborstige Hindernis an, sodass sich die fingerlangen Dornen nicht nur durch die Packsäcke bohren, sondern auch durch ihr dickes Fell. Wir haben alle Hände voll zu tun, um die Maultiere zu befreien, bleiben dabei selbst mit dem Rucksack, der Kleidung oder unserer Haut an stacheligen Zweigen hängen, an denen wir uns mehr als einmal blutig reiben.

Irgendwann erreichen wir eine Stelle mit ausladenden Schirmakazien, die sich als natürlicher Lagerplatz anbietet. Nach dem Aufbau der Zelte und dem Einräumen des Gepäcks spazieren wir zu einer nahegelegenen Hügelkette, zu deren Füßen eine zerklüftete Schlucht liegt, die auf ein Wadi hindeutet, einen Flusslauf, der erst nach starken Regenfällen vorübergehend Wasser führt. Affen hüpfen durch die Bäume, Vögel putzen in den Wipfeln ihr buntes Gefieder und eine Gruppe Warzenschweine läuft grunzend durchs Buschwerk.

Als die Sonne in einer Orgie von Farben hinter fernen Bergkuppen versinkt, erglüht der Himmel: Zartes Rosa geht in Pfirsichgelb, Zinnoberrot und Violett über. Wenig später verdunkeln tiefe Schatten das Land. Der kobaltblaue Nachthimmel mit seinen zigtausend kleinen Lichtern erstrahlt – und über uns dehnt sich die Unendlichkeit des Alls.

Diese schwindelerregende Tiefe des Firmaments, deren

Gestirne eine Farbenpracht ohnegleichen entfalten, fasziniert mich immer wieder aufs Neue. Als Kind erschreckte mich die Vorstellung, dass es hoch über mir einen endlosen Raum gab, der mich gleichsam in den Bann zog. Mittlerweile weiß ich natürlich, dass die Astronomie die Weite und Tiefe des Sternenhimmels als unendlich ausgedehnten Weltraum definiert. Ich habe das Abstraktum »unendlich« längst akzeptiert, doch geblieben ist ein Geheimnis, das sich hinter dem Begriff »Unendlichkeit« verbirgt, von dem wir nur wenig wissen, das aber womöglich ein Teil unserer Geschichte ist. Dass es diese Auffassung gibt, muss mir vielleicht genügen, wenn ich unterwegs in die flimmernde Nachtbläue hinaufschaue. Statt alles zu wissen, nutze ich den Ausblick in die kosmische Unendlichkeit als Projektionsfläche meiner Fantasie, denn es erscheint mir undenkbar, dass die vielen Lebensformen und ihre spezifischen Eigenarten auf unserem Planeten einmalig im Weltall sein sollen.

Über solche Themen sprechen Aaron und ich, wenn wir spätabends am Lagerfeuer sitzen und in den Nachthimmel schauen. Es ist ein wunderbares Gefühl, diese Eindrücke und Empfindungen mit meinem Sohn auszutauschen. Lagerfeuergespräche sind eben doch die besten, wenn man versunken in die flackernden Flammen schaut und ohne Überwindung all das ausspricht, was einen im Inneren bewegt. Das sind Augenblicke großer Nähe, in denen es uns gelingt, das Staunen aus unseren Kindheitstagen in das Erwachsensein hinüberzuretten. Es sind Augenblicke tiefer Zufriedenheit, in denen wir uns im Entrücktsein vom Alltag ein Stück Vertrautheit und Wahrhaftigkeit zurückerobern.

Tags darauf ziehen wir mit unseren Maultieren auf einem schmalen Pfad durch grünbewachsene Gebirgsketten, deren

Kämme sich in der Weite übergipfeln. In Jahrmillionen ist in dieser Region eine einzigartige Natur entstanden. Die meisten Berghänge, deren Flanken bis in die tiefeingeschnittenen Täler hinabreichen, sind mit immergrünem Strauchwerk bewachsen, das im Licht der grellen Sonne leuchtet.

Je weiter wir nach Norden wandern, desto enger und gewundener erscheinen uns die Täler, während die schrägen Abhänge beständig steiler werden. Es ist die Klarheit der Atmosphäre und die Verlassenheit der Landschaft, die uns staunen lassen. Wir sind regelrecht ergriffen. Denn das, was wir sehen, kann man unmöglich in Worte fassen. Die Gipfel, Hügel und Flanken, von den starken Kräften des Erdinneren geformt, wirken wie überdimensionale nebeneinanderliegende Tierkörper. Darüber hinaus bieten sie dem Auge eine ungewöhnlich reiche Palette an Grüntönen.

Längst nicht alle Berge sind kartografiert, die Massai haben aber für jeden Berg einen Namen. Und alle Gebirgszüge sind in ihrer Welt wichtige und gleichberechtigte Gebilde. Hier gibt es weder Pisten noch Straßen. Um in das Innere dieser abgeschiedenen Region zu gelangen, muss man zu Fuß oder mit Maultieren unterwegs sein.

Stunde um Stunde folgen wir unseren Massai-Guides, Sami und Alex, deren rote Umhänge im stetigen Wind flattern. Wir hören das Heulen des Windes, das Schnauben der Tiere und das Stampfen ihrer Hufe. Die Packsäcke machen schlackernde Geräusche und die Gummisohlen der Massai-Sandalen knallen bei jedem Schritt an ihre Fersen, während wir von Bergkamm zu Bergkamm wandern. Staubwölkchen umhüllen uns, wenn die Hufe der Maultiere durch den weichen Sand schreiten oder im lockeren Geröll rutschen. Hin und wieder lösen sich Steine unter den Schritten der strauchelnden Tiere, springen in Bögen ins Leere. Von Zeit zu Zeit bleiben die überstehenden Packsäcke unserer Lastentiere an Sträuchern, zerzausten Luftwurzeln oder mannshohen Felsblöcken hängen. Ruckartig versuchen sich die Tiere von den Behinderungen zu befreien oder umgehen die Hindernisse mit waghalsigen Sprüngen. Schert eines der Tiere mal aus oder kaut zu lange an einem Grasbüschel, treiben wir es mit einem Klaps auf das Hinterteil an. Manchmal werfen Sami und Alex auch kleine Steine nach einem Tier und schreien erbost, um unsere Karawane beisammenzuhalten.

Woche für Woche, so erfahren wir von Alex, sind auf dieser Bergroute viele Massai mit ihren Maultieren unterwegs, um Gräser, Astwerk, Gemüse und Obst von einem Dorf zum anderen zu transportieren. Sami erzählt fast beiläufig, dass hin und wieder ein beladenes Maultier vom schmalen Saumpfad in die Tiefe stürzt. Wir sind gewarnt, gehen konzentriert voran. Ein falscher Tritt würde in einer Katastrophe enden.

Hin und wieder gönnen wir uns eine Pause, setzen uns auf einen Stein oder Baumstamm und lassen die überwältigenden Ausblicke auf uns wirken, versuchen, sie aufzusaugen und in unserem Gedächtnis abzuspeichern.

»Diese Gegend ist etwas ganz Besonderes. Hier wird man sich als Mensch seiner Winzigkeit bewusst«, sagt Aaron.

»Solche Landschaften müssen unbedingt bewahrt bleiben«, stimme ich ihm zu.

Und Alex, der neben uns sitzt, sagt einen Satz, der die Situation der Massai im 21. Jahrhundert deutlich macht: »Mit jedem Stück Land, das wir an die Regierung abgeben, verlieren wir auch ein Stück von uns selbst.«

Diese Worte offenbaren, wie sehr die Massai mit ihrem Land verbunden sind. Es ist ein naturbelassenes und urwüchsiges Land, das uns erahnen lässt, wie unser Planet aussehen könnte, wenn der Mensch nicht überall erbarmungslos Hand anlegen würde. In mir steigt das Gefühl auf, dass das Wort Fortschritt ein unanständiger Begriff ist. Niemals sollte hier im Namen des sogenannten Fortschritts etwas verändert werden. Diese entlegene Weltecke, die seit Jahrhunderten einzig und allein von den Nomaden beschritten wird, sollte unberührt bleiben. Dieser Landstrich, in dem Größen und Distanzen nicht mehr unseren mitteleuropäischen Erfahrungswerten entsprechen, ist ein intaktes Refugium jenseits der technisierten Wirklichkeit, ein Refugium, in dem man noch ursprüngliche Wildheit und natürliche Harmonie erleben kann.

In der Sicht auf die Dinge, die uns hier umgeben, entwickeln sich Empfindungen, die kindlicher Simplizität gleichen. Denn hier, wo unsere Blicke über ein Mosaik aus Bergen und Tälern zu endlosen Horizonten treiben, wo Realität und Traum im Wechselspiel von Licht und Schatten verschwimmen, wandert ein Gefühl von Glück und Dankbarkeit befreiend mit, während unter unseren Sohlen die Einsamkeit dahinzieht.

Am Ol Doinyo Lengai

Der heilige Feuerberg der Massai

An der 400 Meter hohen Abbruchkante der westlichen Steilstufe des Ostafrikanischen Grabenbruchs liegt er plötzlich vor uns. Aus goldgelben Grashügeln ragt er abweisend und erhaben auf, ein Kunstwerk der Natur: der Ol Doinyo Lengai (2878 Meter), der heilige Götterberg der Massai. Weiße Wolkenschwaden winden sich um den zerklüfteten Kraterrand, als würden sie aus einem Hexenkessel aufsteigen.

»Dort oben sitzt er, unser Schöpfer Engai«, sagt Sami schmunzelnd und deutet mit einer Handbewegung auf den riesigen Vulkankegel, dessen steile, furchendurchzogene Flanken sich unter einem strahlend blauen Himmel in alle Richtungen erstrecken. Wie so viele jüngere Massai glaubt auch Sami nicht mehr an jene alte Überlieferung, dass der Gott der Massai seine Wohnstätten auf den Vulkanen Ol Doinyo Lengai und Kilimandscharo hat. »Die Glaubensvorstellungen der jüngeren Generation haben sich verändert. Doch wir respektieren den Naturglauben der Älteren. Wir haben kein Recht, das Gottvertrauen unserer Eltern und Großeltern zu zerstören«, erklärt Sami, während ich einen schwefligen Geruch wahrnehme.

Beim Anblick des ehrfurchteinflößenden Ol Doinyo Lengai, um den sich viele Legenden ranken, begreife ich, was diesen einzigen noch aktiven Vulkan in Tansania seit Jahrhunderten zu einem heiligen Berg gemacht hat. Dieser Inselberg hat die spirituelle Fantasie der Massai beflügelt und ist tief ins Bewusstsein der Menschen eingedrungen. Anlass zur Verehrung dieses gewaltigen Vulkans mögen seine eindrucksvolle Erscheinung und Ausstrahlung, seine entrückte Verlassenheit sowie seine vulkanische Aktivität gegeben haben. Vor allem die gewaltigen Ascheexplosionen zeigten seine beiden Seiten: Zerstörung und Fruchtbarkeit. Diese konträren Auswirkungen waren wohl die entscheidenden Auslöser dafür, dass dieser Berg eine spirituelle Bedeutung bekam. In den vergangenen 100 Jahren eruptierte der Vulkan mehr als ein Dutzend Mal und machte die Wucht der Erdkräfte sichtbar.

Der bisher letzte Ausbruch erfolgte in den ersten Monaten des Jahres 2008. Die Erde bebte so stark, dass die Hochhäuser im 150 Kilometer entfernten Nairobi schwankten. Die Eruptionen bildeten einen über 100 Meter tiefen Krater, aus dem dünnflüssige Lavaströme schossen, sich über die steilen Bergflanken stürzten und bis weit in die Ebene ergossen.

Unter allen aktiven Feuerspeiern der Erde gilt der Ol Doinyo Lengai als einzigartig: Seine Besonderheit ist die merkwürdig dünnflüssige Lava. Sie besteht aus Natriumcarbonat (Soda) und ist reich an Calcium und Natrium. Bei explosiven Ausbrüchen strömt sie in großen Mengen die steilen Hänge hinab, nicht heiß genug, um zu glühen. Beim Abkühlen an der Luft verändert sich die Farbe der zunächst tintenschwarzen, sodahaltigen Lava relativ rasch. Innerhalb weniger Stunden wandelt sich das Schwarz zu Dunkelbraun und geht dann in Grau und Weiß über. Es entsteht ein heller, bröckliger Kalk, der zu weißem Aschestaub zerfällt. Insofern ist es nicht verwunderlich, dass sich die Vulkanflanken nach einem Ausbruch in eine weiße Schneelandschaft verwandeln. Und nicht nur das: Seit jeher wälzten sich die lappigen, grauweißen Lavaströme, gesättigt mit leichtlöslicher Soda, über viele Kilometer bis hin zum Natronsee, begruben alles Leben unter sich, sammelten und verdichteten sich – und verwandelten den See zu einem extrem lebensfeindlichen Gewässer.

Doch lebensfeindlich sind nicht nur die ätzenden Laugen und alkalischen Salze, die dem Natronsee vom Ol Doinyo Lengai zufließen, lebensfeindlich sind auch die Sodaausbrüche der Geysire, die sich inmitten der großen Wasserfläche befinden. Und dann ist da noch die hohe Wassertemperatur, die in Teilen des Sees bis zu 60 Grad Celsius beträgt.

All das hat zu einem gigantischen Chemie- und Wassergemisch geführt, das für fast alle Lebewesen tödlich ist. Nur wenige Lebensformen können in dieser alkalischen Brühe bestehen: Dazu zählen fünf bis sieben Zentimeter lange Buntbarsche, von denen es aber nur wenige Hundert Exemplare gibt, sowie eine Vielzahl von Vögeln. Besonders die Zwergflamingos, die eine Größe von 80 bis 130 Zentimeter erreichen, fühlen sich in dieser unwirtlichen Region wohl. Sie bauen in dem flachen, nur bis zwei Meter tiefen Sodasee ihre Nisthügel und ziehen dort ihre Jungen groß. Völlig unempfindlich gegenüber der ätzenden Lauge, haben sie am Natronsee keine natürlichen Feinde. Die große Soda-Wüste schützt die Flamingos vor gefährlichen Verfolgern.

»Was hätte Opa Harry wohl gesagt, wenn er diesen Vulkanberg gesehen hätte?«, überlegt Aaron laut und zwinkert mir lächelnd zu.

Ich bin mir sicher, dass mein Vater an diesem Ort genauso beeindruckt gewesen wäre wie Aaron und ich. »Allein der Anblick des Ol Doinyo Lengai hätte Harrys Herz in Wallung gebracht«, sage ich und denke, dass er verrückt genug gewesen wäre, um an einen Aufstieg zum Vulkangipfel zu denken – trotz aller Gefahren. Nicht nur der giftige Schwefelgeruch ist gefährlich, sondern auch die steilen Hänge, die einer 30-Grad-Rampe gleichen. Hinzu kommen das stetige Einsinken auf den rutschigen Ascheflanken, der peitschende Wind und die enorme Hitze. All das hätte Harry womöglich kaum davon abgehalten, sich die Aussicht vom Kraterrand über die afrikanische Savanne entgehen zu lassen.

Noch am Abend, nachdem sich die Dunkelheit ausgebreitet hat, geht mir der Ol Doinyo Lengai nicht aus dem Kopf. Es ist die einzigartige Verbindung von grauweißen Vulkanhängen und goldgelben Grasebenen, die immer wieder vor meinem geistigen Auge auftaucht. Selbst in der Nacht, als ich in den Schlafsack krieche, sind diese Bilder noch präsent – und ich frage mich, ob ich das alles nur geträumt habe.

Am Natronsee
Von Geysiren, Salzschollen und Zwergflamingos

Der Abstieg von den grasbewachsenen Bergketten, die uns zum Ol Doinyo Lengai geführt haben, ist tückisch. Der zerklüftete Hang ist an mehreren Stellen von Erdrutschen verschüttet. Immer wieder bleiben wir zwischen Geröll und Felsblöcken stehen und suchen inmitten eines brüchigen Gesteinsparcours eine gangbare Passage. Ein hinunterführender Pfad ist kaum zu erkennen. Mehrmals müssen wir über steile Felsbänder weite Umwege gehen, um terrassenartigen Geröllhalden auszuweichen. Das Herz flattert, wenn sich der knirschende Schotter unter den Stiefeln bewegt und wir eher rutschen als gehen.

Vorsichtig sind wir auf die eigene und die Sicherheit der Maultiere bedacht, um deren Beine bei jedem Schritt pulvrige Staubbänder tanzen. Manchmal bleiben die dürren Tierbeine zwischen kantigen Felsbrocken regelrecht stecken und wir schaffen Steinklötze beiseite, um sie zu befreien. Ein anderes Mal, wenn der borkige Verwitterungsschutt unter ihren Hufen wie Blätterteig auseinanderbricht, brüllen die Tiere und versuchen, ihre Lasten abzuwerfen. Nur durch gutes Zureden und einen Klapps auf das Hinterteil sind sie dazu zu bewegen, die halsbrecherische Bergflanke hinabzuwandern. Wir brauchen Stunden, ehe wir dem Tal näherkommen, das mit gelben, hüfthohen Gräsern bewachsen ist.

20 Kilometer weiter südlich erreichen wir nach einer Woche oder auch mehr – wer zählt schon beim Unterwegs-

sein die Tage? – den Natronsee, der durch die Wasser des Engare Sero und Ewaso Ngiro sowie durch mineralreiche heiße Quellen gespeist wird. Es ist einer der faszinierendsten Sodaseen der Welt, der in einer kaum zugänglichen Landschaft Ostafrikas liegt. Etwa 60 Kilometer lang, schwankt seine Breite zwischen zwei und 20 Kilometern, je nach der Wassermenge, die von den regenreichen Hochplateaus herabfließt.

Staunend stehen wir am kristallinen Ufer des grünblauen Sees und können kaum fassen, was unsere Augen sehen. Umsäumt von grellweißen Salzschollen, die bizarr geformt sind, erstreckt sich vor uns eine glatte Wasserfläche ohne die leiseste Kräuselung. Sie flimmert in der heißen Luft. Himmel und Wolken spiegeln sich auf der unbewegten Oberfläche. Zigtausend rosa Zwergflamingos gleiten in Schwärmen durch die Lüfte oder waten im Ufergewässer. Die Rosarotgefiederten ernähren sich vor allem von winzigen Salinenkrebsen, aber auch von Algen und Einzellern, die sie mit ihrem Schnabel aus der Wasserlauge herausfiltern. Diese grünen Einzeller können in der dickflüssigen und ätzenden Sodalauge nur existieren, wenn die Flussläufe genügend Süßwasser liefern; sie sind es auch, die die grüne Färbung des Wassers verursachen, denn Myriaden von Algen haben sich in diesem Spätsommer am südlichen Teil des Sees angesiedelt, während weiter draußen im See rote Algen und Purpurbakterien in solchen Mengen gedeihen, dass sich das Wasser rotbraun färbt. Eine unwirtliche Farbenpracht.

Am südlichen Ufer des Natronsees betreibt Ake Lindstrom, den die Massai (warum auch immer) *Orca* nennen, seit einigen Jahren eine Zelt-Lodge für Besucher, die absolute Stille und ursprüngliche Wildnis suchen. Hier, im Lake Natron

Tented Camp, das am Flusslauf des Engare Sero River liegt, bleiben wir einige Tage und beziehen Quartier in den luftigen Zeltunterkünften mit breiten Betten, Toiletten und Dusche.

Gesättigt von den vielfältigen Beobachtungen und Eindrücken der letzten Tage, sortieren wir all das Gesehene und Erlebte, säubern Kameras und Objektive, erkunden die Umgebung und gönnen uns ein paar Tage der Erholung. Hier, an diesem entlegenen Ort, nehmen wir auch all die Geräusche und Laute in uns auf, die uns der Natronsee und die Wildnis bieten: das Säuseln des Windes, das Plätschern des Wassers, die Stimmen der Wasservögel, das Hufgetrampel der Gnus, die Rufe der Zebras, die so klingen, als würden Hunde bellen. Und wenn die Dämmerung anbricht, die Dunkelheit ihre langen Schatten wirft und über dem Horizont das Kreuz des Südens hängt, sitzen Aaron und ich vor dem Zelt und klönen über dies und das, ehe die Erinnerung kommt.

»Ich denke oft an Opa Harry«, sagt mein Sohn. »Manchmal habe ich sogar das Gefühl, als würde er uns begleiten.«

»Mir geht es genauso«, erwidere ich. Das ist die Macht des Vorstellungsvermögens, denke ich und merke, dass es Aaron nicht leichtfällt, die Gedanken an seinen Opa beiseitezuschieben. Auch ich verstricke mich beim Unterwegssein immer wieder in Erinnerungsbildern. Warum auch nicht? Schließlich sind wir ja nach Afrika gereist, um den Faden zu meinem Vater bewusst aufzunehmen. Szenen und Erlebnisse aus der Vergangenheit, die aus dem Strom unserer Gedanken und Gefühle gelegentlich zusammenfließen, gehören dazu. Wie auch jene Momente, als wir von meinem Vater Abschied genommen haben. Aaron war damals 16, als Rita und ich mit ihm in die Klinik fuhren, in der mein Vater starb. Ganz ruhig war mein Sohn, als er erfuhr, dass sein Opa aufgehört hatte, um sein Leben zu kämpfen, dass er endgültig losgelassen hatte, um in eine andere Richtung weiterzugehen.

Ich erinnere mich, dass ich damals kein Gefühl mehr für die Situation hatte, dass ich Leere, Unverständnis und Zorn spürte, dass ich den Moment des Abschiednehmens so lange wie möglich hinauszögern wollte.

Nachdem wir die Klinik verlassen hatten, liefen wir eine ganze Weile schweigend durch eine Parkanlage – und ich spürte, dass die Trauer gemeinsam leichter zu ertragen ist.

Und nun, mehr als zehn Jahre später, sitze ich mit Aaron in Afrika unter dem kristallklaren Sternenhimmel. Und noch immer schmerzt der Abschied von meinem Vater, als Aaron den Lauf meiner Gedanken durchbricht: »Harry war schon ein verrückter Kerl«, sagt er und lässt fast vergessene Szenen noch einmal aufleben. Er spricht über das drollige Imponiergehabe meines Vaters, der uns immer wieder seine Leistungskraft vor Augen führte, wenn wir zu Besuch waren. Er setzte seine Willensstärke über die körperlichen Schwächen, die das Alter mitbringt. Wie ein Lausbub lachte er, wenn er an die obere Kante des Türrahmens sprang, sich mit den Fingern an die schmale Zarge klammerte und 20 Klimmzüge verrichtete. Ein anderes Mal legte er sich auf den Wohnzimmerteppich und absolvierte schnaufend 50 Liegestütze, wobei ihm die Schweißperlen von der Stirn tropften. Und wenn wir uns gegen Abend verabschiedeten und in den Wagen stiegen, kniete er sich wie ein Langstreckenläufer in Startposition neben das Auto und rannte dann in seinem Trainingsanzug Hunderte Meter neben uns her, ehe meine Frau das Gaspedal durchdrückte und Harry winkend zurückblieb.

Am nächsten Morgen fahren Aaron und Rainer in Begleitung eines Massai im Geländewagen zu einem nahegelegenen Gebirgszug, der zu den Mosonik Hills gehört. Dort klettern sie durch eine tiefe Schlucht zu einem versteckten Ort, an dem spektakuläre Wasserfälle in unzähligen Kaskaden über moosbewachsene Felswände in ein Gesteinsbecken stürzen. Diese Wassermassen bilden die Quelle des Engare-Sero-Flusses, der zum Natronsee fließt. Eine wunderschöne Szenerie zum Filmen und Fotografieren, die auch zum Baden einlädt. Hitze und Schweiß treiben die beiden unter eine herrlich erfrischende Wasserfalldusche; dann der Sprung in das naturbelassene Bassin – trotz der furchteinflößenden Geschichten von Berg- und Flussgeistern, die in dieser Region kursieren. Sie schwimmen und toben durch das schäumende Wasserbecken, rutschen von einer glatten Felsrampe ins kühle Nass, bis kleine Fische an ihrer Haut knabbern und der warnende Instinkt abenteuerliche Purzelbäume im Kopf schlägt.

Carsten und ich wandern indessen durch die staubige Ebene zwischen Natronsee und Ol Doinyo Lengai. Sand, Steine, Asche und Salze bilden eine vom Wind zernagte Weite, in der sich Grenzenlosigkeit und Licht verlieren. Blendendes Weiß wechselt mit glänzendem Schwarz und dunklem Braun. Man kann immer noch erahnen, wo die Lava entlanggeflossen ist. Und dort, wo die gefräßigen Lavawalzen auf ihren Vernichtungsbahnen nicht hingelangt sind, wuchert üppiges Grün.

Im flirrenden Licht durchschreiten wir diesen kargen Raum, der seit unzähligen Jahren von den explosiven Ausbrüchen des Ol Doinyo Lengai und dem unablässigen Wind geprägt ist. Wir haben das Gefühl, als würden wir über die Oberfläche eines fremden Planeten laufen. Und dennoch empfinden wir in diesem öden Naturraum eine seltsame Art von Frieden, spüren, dass Weite und Enge, Zerstörung und Schönheit in der Absolutheit eins sind. Alles gehört zusammen.

Mit einer Tasche voller Malutensilien und einem Klappstuhl auf dem Rücken nähern wir uns dem majestätischen Vulkan, den Carsten aquarellieren will. »Hier ist ein guter Platz«, sagt er irgendwann und ordnet all die Dinge um sich herum, die er zum Malen braucht: Zeichenblock, Leinwand, Aquarellkasten, Pinsel, zwei Marmeladengläser voll Wasser. Dann setzt er sich auf den Campingstuhl und blickt über die Weite. Zeit zum Innehalten. Zeit zum Schauen. Andächtig tastet er mit den Augen die Landschaft ab, speichert Formen, Strukturen und Farben, entdeckt schließlich *sein* Bild, lässt es auf sich wirken, ehe er einen Pinsel in das Wasserglas und dann in die Farbe taucht. Wohl überlegt setzt er die ersten Pinselstriche aufs Papier, zieht feine Linien, die zu breiten, diffusen Farbflächen werden. Strich für Strich entsteht ein schemenhaftes Abbild der Wirklichkeit: Der grauweiße Vulkangipfel des Ol Doinyo Lengai schwimmt in einem pastellfarbenen Blau; eine braungraue Fläche mit schwarzen Streifen stellt eine weite Ebene mit erstarrten Lavaströmen dar.

Seit Wochen beobachten wir Carsten, wenn er sich hin und wieder zum Malen ein stilles Plätzchen sucht, um Landschaften, Tiere und Menschen auf Leinwand oder Papier festzuhalten, wie jene Expeditionsmaler, die einst abenteuerliche Entdeckungsreisen ins Unbekannte begleiteten, als es weder Film noch Fotografie gab. Seit Kindesbeinen ist Carsten fasziniert von den Aquarellen und Zeichnungen der Forschungsreisenden des 18. und 19. Jahrhunderts, die seinerzeit in aufwendig gedruckten Büchern veröffentlicht wurden. Bis heute haben diese Abbildungen, die damals in Europa erste visuelle Eindrücke einer fernen, fremden Welt vermittelten, nichts von ihrer Faszination verloren.

In der Tradition dieser frühen Zeichnungen der Expeditionsreisenden, die mit Bleistift und Pinsel entstanden, dokumentiert Carsten unsere Reise. Eine wunderbare Idee, finden Aaron und ich. Deshalb hatten wir unseren langjährigen Freund während der Planungsphase gefragt, ob er mit nach Afrika kommen würde. Carsten stimmte sofort zu, was mich sehr freute. In den vergangenen Jahren sind wir oft gemeinsam gereist. Vor allem auf meinen Wüstenwanderungen haben wir uns häufig vor Ort getroffen – in Ägypten, Marokko, Tunesien, Libyen und im Oman.

Carsten studierte Archäologie, ehe er Vollblutkünstler wurde – mit Ausstellungen in London, Paris und Mallorca. Neben seiner Atelierarbeit in Hamburg malt er am liebsten unter freiem Himmel. Seine abstrakten Reliefgemälde erzählen vom ewigen Wandel der Natur, sind Zeugnisse von Entstehung und Vergänglichkeit. Er selbst bezeichnet sich als Wüstenmaler, der seine Leinwandbilder vor allem in den sandigen und steinigen Einöden gestaltet. Er mischt Materialien, die er vor Ort findet – Salz, Sand, Erde –, mit Farbpigmenten und Bindemitteln, und trägt dann alles mit Kelle und Pinsel auf die Leinwand auf. So erschafft er Spiegelbilder urwüchsiger Landschaften, bannt natürliche Muster und Strukturen auf seine Gemälde, und beim Betrachten hat man den Eindruck, in einem Kleinflugzeug über die unberührte Weite zu fliegen.

Sonnenaufgangsgedanken
Im Klan der Massai

Es ist noch dunkel, als ich mich um fünf Uhr morgens am Ufer des Natronsees auf einen Stein setze. Das Licht der Morgendämmerung hat mich zu so früher Stunde aus dem Zelt getrieben. Noch Schlaf in den Gliedern schaue ich über die weite Fläche des schummrigen Gewässers, über ausgebrannte Trockenebenen und wellige Hügel, die nur schemenhaft zu erkennen sind. Ich weiß nicht, wie lange ich so dasitze und in die Weite hinausschaue, ehe die Helligkeit des Tagesanbruchs die Konturen der Landschaft deutlich sichtbar macht.

Ganz allmählich verlieren Hügel und Bergsilhouetten ihre nächtlichen Schatten, gehen in ein bleiernes Grau über und nehmen Färbung an. Schirmakazien strecken ihr Astwerk in das zunehmende Morgenlicht, während der wolkengesprenkelte Himmel von Dunkelviolett zu Rosa, sattem Purpur und Orangerot wechselt. Im Osten beginnt die Sonne zu glühen und alles um mich herum leuchtet. Es ist, als würden die Farben ineinanderfließen. Eine großartige Buntheit fächert über die Weite und tiefe Melancholie liegt über dem ganzen Land.

Ich liebe diese Momente, in denen ich in die ganze Atmosphäre hinausatme und das heraufsteigende Licht alles berührt: das Wasser, die Berge, die Ebenen, die Bäume, die Gräser und mich. Das sind Augenblicke, in denen das Unbekannte seine Fremdheit verliert und sich jenseits des eigenen Ichs etwas öffnet, das mir eine satte Zufriedenheit vermittelt.

An diesem Morgen schaue ich im frühen Sonnenlicht nicht nur in die Weite hinaus, sondern blicke auch weit zurück in die Vergangenheit. Ich denke an wunderbare Menschen in Asien und Afrika, die mit mir durch grandiose Wüstenlandschaften gewandert sind; Menschen, die mir im Laufe der Jahre nicht nur fremde Welten öffneten, sondern mich mit ihrer Gastfreundlichkeit, Hilfsbereitschaft und tiefen Menschlichkeit beschenkt haben. Und ich denke an Ostafrika, sehe mich gegen Ende der 70er-Jahre als jungen Mann, der mit 26 Jahren nach Kenia und Tansania gereist ist, um monatelang bei den afrikanischen Volksstämmen der Turkana und Massai zu leben.

Als Student der Afrikanistik wollte ich damals traditionelle Lebensformen kennenlernen und Menschen treffen, die noch in Einklang mit der Natur lebten, die diese Lebensweise mehr oder minder intakt bewahrt hatten.

Vor rund 500 Jahren waren die Massai von Nordafrika nach Süden gezogen, wo sich große Grasebenen erstreckten, die ihren Herden eine solide Lebensgrundlage boten. Lange Zeit vermochten sie sich im ostafrikanischen Naturgroßraum gegen die Kolonialmächte erfolgreich zur Wehr zu setzen. Erst im Jahr 1890, als eine schreckliche Rinderpest ihre Viehherden dezimierte, wurde ihre Widerstandkraft entscheidend gebrochen.

Als ich seinerzeit nach Ostafrika gereist bin, lebten noch etwa 200 000 Massai, die über eine Million Vieh besaßen, auf einer Fläche von rund 140 000 Quadratkilometern. Dieser Lebensraum war dreimal so groß wie die Schweiz, ein Drittel lag in Kenia und zwei Drittel in Tansania. Dort zogen die Massai mit ihren Herden, immer auf der Suche nach frischem Futter, grenzüberschreitend vom Suswa-Plateau und den

Loita Highlands über die kenianisch-tansanische Grenze hinweg, bis tief in den Nordosten Tansanias hinein.

Beinahe 40 Jahre ist es mittlerweile her, dass ich mich im Südosten Kenias einer Massai-Großfamilie anschloss, die mir den Kontakt zu einem naturnahen Dasein offenbarte. Ich lernte eine Lebensart kennen, die meinem Wesen sehr viel mehr entsprach als jede andere, sodass ich ein Ganz-ich-Sein wahrnahm, die natürliche Bodenhaftung zurückgewann und sich meine Sehnsucht nach einem unverstellten Horizont erfüllte.

Erstmals erwähnt wurden die Massai in Deutschland von Johann Ludwig Krapf (1810–1881). Der evangelische Missionar, der zwischen 1837 und 1855 in Äthiopien und Ostafrika unterwegs war, gilt auch als Entdecker und Afrikaforscher. Ein Jahr nach Johannes Rebmann war Krapf der zweite Europäer, der 1849 den Kilimandscharo gesehen hat, ehe er von dem großen Zentralafrikanischen See (dem Victoriasee) erfuhr und den Mount Kenya für die westliche Welt entdeckte. Überdies verfasste er ein erstes Suaheli-Wörterbuch mit Grammatikteil und veröffentlichte ein Handbuch der Massai-Sprache. Er schrieb über das ostafrikanische Nomadenvolk: »Sie leben gänzlich von Milch, Butter, Honig und dem Fleisch ihrer Ziegen, Schafe und schwarzen Rinder. Mangelt es den Massai an Vieh, dann rauben sie anderen Stämmen die Herde. Sie sind zutiefst davon überzeugt, dass ›Engai‹, der Himmel, ihnen allein jegliches Vieh zugedacht habe.«

Im Norden Kenias hatte ich derzeit von einem District Commissioner erfahren, in welcher Region Massai-Familien mit ihren Herden unterwegs waren. So kam es, dass ich mich schließlich einem Boma näherte, das mir wie eine Insel im Grasmeer erschien. Eine Gruppe von Massai – zwei ältere

Männer, bestimmt um die 60 Jahre alt, und einige sehr viel jüngere – standen am Tor einer Dornheckeneinfriedung, die so hoch war, dass selbst Löwen sie nicht überspringen konnten.

Ich hob die Hand zum Gruß, der aber nicht erwidert wurde. Ein ungutes Gefühl beschlich mich, als ein junger, langbeiniger Massai-Krieger sich aus der Gruppe löste und auf mich zukam. Er hatte bunte Strichmuster im Gesicht, im Haar steckte eine Straußenfeder. Lachend schaute er mich an und schlug mir mit seiner linken Hand auf die Schulter. Mit freundlicher Gestik führte er mich zum Boma – und Tage später wurde Itili, so war sein Name, mein engster Vertrauter.

Am Eingang erzählte ich den Massai mit einigen Brocken ihrer Sprache, die ich vorab gelernt hatte, dass ich gekommen war, um von ihnen das Leben in der Natur zu erlernen, und dass ich ihnen weder etwas beibringen noch sie verändern wollte. Aufmerksam lauschten sie meinen Worten. An ihren Gesichtern konnte ich ihr Erstaunen ablesen, dass ich meinen Wunsch in ihrer Sprache vorgetragen hatte, wenn auch etwas radebrechend. Kaum hatte ich meine Worte beendet, setzte ein irres Gegröle und Gelächter ein. Männer und Frauen schüttelten verständnislos die Köpfe, machten sich über mich lustig und konnten sich kaum beruhigen. Itili gab mir zu verstehen, dass seine Verwandten mich für einen Irren hielten, weil ich zu Fuß durch die Savanne gekommen war. So etwas Verrücktes hatten sie noch nicht erlebt.

Gleichwohl fand meine Erklärung, die vielleicht etwas naiv war, bei den Massai Anklang. Ich muss wohl doch den richtigen Ton getroffen haben, denn ihr Misstrauen verflog und ich wurde durch das Boma zu einer kleinen Feuerstelle geführt, wo mir ein Becher Ziegenmilch gereicht wurde. Während sich zwischen den Männern und mir ein gestenreiches

Gespräch entwickelte, wuselten einige Kinder um die Beine der Väter und Großväter. Neugierige Frauen, nur mit einer roten oder blauen Stoffbahn bekleidet, blickten aus den Öffnungen der Behausungen, deren Gerüste aus Stöcken und Grasmatten rasch auf- und abzubauen waren.

Ich musste den Massai unzählige Fragen beantworten. Vor allem wollten sie wissen, woher und warum ich gekommen war. Währenddessen siedete auf dem Feuer eine Kanne Wasser und es gab gesüßten Milchtee und einen flüssigen Brei aus Maismehl, Wasser und Zucker. So verstrich die Zeit und als die Abenddämmerung hereinbrach und die Hügel, Gräser und Schirmakazien in goldenes Feuer getaucht wurden, erhielt ich von den beiden ältesten Männern die Erlaubnis, einige Wochen zu bleiben.

Voller Optimismus verlebte ich die ersten Tage im Boma. Die Fremdartigkeit der Nomaden faszinierte mich. Ich freute mich, bleiben zu dürfen – und in scheuer Verlegenheit verhielt ich mich zurückhaltend und lächelnd, wenn ich zwischen den mobilen Behausungen und Vieh-Pferchen umherging oder mich ans Lagerfeuer setzte. Meist still und unaufdringlich, schaute ich, mehr hin, als dass ich Fragen stellte. Zudem versuchte ich, überall anzupacken, wo es nur ging, um meinen Beitrag für Essen und Trinken zu leisten.

Dennoch spürte ich, dass ich seit meiner Ankunft nicht von allen 21 Familienmitgliedern (sechs Männer, acht Frauen, sieben Kinder) akzeptiert wurde. Viele gingen mir aus dem Weg und ich fühlte mich trotz innerer Hochstimmung immer wieder isoliert, weil kaum jemand mein Interesse und meine Zuneigung erkannte.

Natürlich hatte ich damals nicht erwartet, dass man mich mit offenen Armen empfangen und aufnehmen würde. Mir war klar, dass ich geduldig sein musste, dass ich mich als Europäer anpassen musste, wenn ich Erkenntnisse und Einsichten sammeln wollte, die mein Leben bereichern sollten. Andererseits hatte ich mir das Eintauchen in eine nomadische Lebensgemeinschaft sehr viel einfacher vorgestellt, was dazu führte, dass ich mich zuweilen als Eindringling fühlte. Ich war nicht mehr als ein geduldeter Gast.

Itili war es schließlich, der mich aus meiner Isolation befreite. Wie alle Massai verschwieg er zunächst seinen richtigen Vornamen, denn wer seinen Geburtsnamen einem Fremden gegenüber preisgibt, verliert womöglich seine Seele.

Itili war ein hochgewachsener und schlanker Massai-Krieger mit lebensfroher Ausstrahlung. Ich schätzte ihn auf Anfang 20, sein genaues Alter kannte er nicht. Schon sein Äußeres war faszinierend: Das Gesicht war mit rotem Ocker bemalt, sein mit rotem Lehm gefärbtes Haar hing in langen Schnüren am Rücken hinab. Ohren, Hals und Arme waren mit bunten Ketten, Metallreifen und Löwenfellriemen geschmückt. Die farbenprächtige Körperbemalung, der reichhaltige Schmuck und die traditionellen Muster waren dreierlei: Sie repräsentierten die Zugehörigkeit zu seinem Klan, machten seinen sozialen Status deutlich und waren Symbole, die das Glück anzogen und das Unglück abwehrten.

Um die Schultern hatte Itili den roten Umhang der Massai-Männer wie eine Toga geschlagen. Darunter, an einem Gürtel befestigt, hing eine rote Lederscheide mit dem *Ol Alem* genannten Hiebschwert. An den Füßen trug er Sandalen aus alten Motorradreifen. Und wenn er das Boma verließ, hatte er immer seinen Hirtenstock und einen langen Speer dabei.

Itili, der sich sehr wohlwollend um mich kümmerte, war nicht nur ein aufmerksamer Begleiter, sondern auch mein bester Informant, der mir stets aufgeschlossen und neugierig begegnete. Als Kind hatte er auf einer Missionsschule in Kenia etwas Englisch gelernt, ehe er zu seinem Klan zurückkehrte. Ihm konnte ich all meine Fragen stellen und er versuchte, sie geduldig zu beantworten. So entstand eine enge Verbindung zwischen uns. Er erklärte mir Gebräuche, Zeremonien und Traditionen seines Volkes, erzählte mir Mythen und Legenden. Er vermittelte mir wichtige Verhaltensregeln, half mir, meine Sprachkenntnisse zu erweitern, und warnte mich beim gemeinsamen Unterwegssein vor Wildtieren und giftigen Pflanzen. Von ihm erfuhr ich auch, dass die Köpfe der Frauen mit scharfen Klingen glattrasiert wurden, dass die jungen Männer und Frauen beschnitten und ihnen die beiden mittleren Zähne aus dem Unterkiefer entfernt wurden. Diese kulturelle und rituelle Zahndeformation diente den Massai – und vielen anderen Naturvölkern – als Identifikationsmerkmal. Nur wer seine Zähne in der stammestypischen Weise veränderte, wurde als Stammesmitglied akzeptiert.

Die Zahnstellungen und Schönheitsempfindungen der Massai entsprachen somit in keiner Weise unseren westlichen Idealvorstellungen. Denn während der Zivilisationsmensch nach wie vor strahlendweiße und gleichmäßig angeordnete Zähne als Schönheitsideal empfindet, galt den Massai die Deformierung des Unterkiefers von alters her nicht nur als ästhetisches und attraktives Erscheinungsbild, sondern war gleichsam Ausdruck ritueller Wesensveränderungen bei Initiationsritualen, Reifeweihen, Heirat oder Totenfeiern. Über die ursprüngliche Bedeutung der Zahndeformierungen konnte ich allerdings nichts herausbekommen; die Bewandtnis dieser Verunstaltungen hatte sich im Laufe der Jahre allem Anschein nach verflüchtigt und war mittlerweile eine sinnentleerte Routinehandlung.

Durch meinen engen Kontakt zu Itili trat nach mehr als einer Woche eine Wende ein. Vielleicht auch, weil ich Anpassungsfähigkeit, Selbstbeherrschung, Ausdauer und eine gewisse Härte bewies. So gewöhnten sich die Massai an meine Anwesenheit, öffneten sich und empfanden mich nicht mehr als störend. Statt Ablehnung und Verständnislosigkeit, gewann ich ihre Gunst. Und ohne große Einwände wurde ich von Jung und Alt akzeptiert, sodass ich mich frei und unbeschwert bewegen konnte.

Zudem wurde mir ein Schlafplatz in einer der zerlegbaren Hütten angeboten, wo ich mich auf einer Grasmatte sehr viel sicherer fühlte als unter dem freien Himmel der Savanne. Anfangs schlief ich in meinem Schlafsack auf der bloßen Erde, umgeben von einem starken Rinder- und Kuhfladengeruch, den Geräuschen der Savanne und den Atemzügen von zwei dösenden Massai-Männern, die während der Nacht Wache hielten – aus Furcht vor wilden Tieren und Banditen.

Viele Wochen zog ich damals mit dem Massai-Klan und ihrer Viehherde durch das Land, ständig auf der Suche nach Weideland und Wasserstellen. Von Kenia wurde die Viehherde in den Nordosten von Tansania zum Natronsee getrieben, an dessen östlichem Ufer es bis zum Ol Doinyo Lengai ging.

An manchen Tagen waren die Massai schon im ersten Morgengrauen unterwegs. Sobald die Gerüstteile und Grasmatten der mobilen Hütten auf den Rücken der Maultiere verschnürt waren, zog der Treck über weite Ebenen und ausgedehnte Hügelketten. Ohne große Pausen trieben die Männer ihre Herde vom frühen Morgen bis zum Abend durch Landschaften, die ich trotz der Trockenheit als Hymnen an die Schönheit empfand; Frauen und Kinder, die sich um die Maultiere kümmerten, kamen hinterher, während Sand und Staub zwischen den Hufen und Beinen der Tiere aufwirbelte, der an ihren Fellen und unseren Gesichtern hängenblieb.

Nicht zu vergessen die Fliegen. In riesigen, schwarzen Wolken umkreisten sie nicht nur die Rinder, Ziegen und Schafe, sondern auch die Massai und mich, stürzten sich auf Augen, Nase, Mund und Ohren, krochen sogar unters Hemd und die Hosenbeine hoch. Es war sinnlos, sich gegen sie zu wehren; sie waren allgegenwärtig.

Die Augen der Massai waren beim stetigen Unterwegssein wegen des gleißenden Sonnenlichts meist halb geschlossen. Fast schlafwandlerisch zogen sie neben ihrer Viehherde dahin, wobei ihre Sinne aber hellwach waren. Besonders die Männer, die in der Hand einen langen Speer hielten, waren äußerst wachsam. Diese Aufmerksamkeit sah man ihnen aber kaum an. Scheinbar ohne jede Anspannung unterhielten sie sich, lachten, sangen und tauschten auffallende Landschaftsmerkmale untereinander aus, sodass die Jüngeren von den Älteren topografische Besonderheiten lernten. Dabei schweiften ihre Blicke immer wieder über Hügel, Buschwerk und kniehohes Gras, wo Löwen und andere Wildtiere lauern konnten, die nach Beute Ausschau hielten.

Und wenn ich Itili beim stetigen Voranschreiten fragte, ob seine Familie bei den Regierungsstellen in Kenia und Tansania nicht in Misskredit geriet, weil sie ohne Pass die Staatsgrenzen unkontrolliert überschritten, sagte er voller Stolz: »Das Land, durch das wir wandern, ist unser Land, es ist Massai-Land.«

So erlebte ich von Woche zu Woche den Alltag der Massai, der, eingebunden in den biorhythmischen Verlauf der Jahreszeiten, vom Viehhüten und dessen Verwertung bestimmt wurde. Alles drehte sich um das Rind, das für sie ein Beweis göttlicher Gnade war, und das sie nach uraltem Brauch betreuten. Ziegen und Schafe schätzten sie weit weniger, denn ihr Gott Engai hatte sie zum Volk der Rinder auserwählt – und so verwerteten sie alles, was das Rind hergab: Als Grundnahrungsmittel nutzten sie Milch, Blut und Fleisch. Haare, Haut, Knochen, Horn, Sehnen und Innereien wurden als Material für Werkzeuge, Kleidung und Waffen verwendet. Selbst die Exkremente vermischten die Massai mit Lehm und nutzten das Gemisch als regenundurchlässigen Baustoff für die Hüttenwände, während ihnen der Urin als Desinfektionsmittel bei Wunden diente.

Wie ein Film flimmern die Bilder aus jenen Tagen vor meinem geistigen Auge auf, während das farbige Morgenlicht über dem Natronsee und die afrikanische Weite heraufzieht: Beim Blick zurück sehe ich, wie einem Rind Beinfesseln angelegt wurden, ehe zwei Massai-Männer ihm den Hals einschnürten, um das aufgestaute Blut mit einem Messerstich in die Hals- und Nasenvene abzuzapfen. In einer Kalebasse wurde die Blutlache gesammelt. Beim Umrühren setzte sich das Geronnene an einem Holzstock ab, ehe die rote Flüssigkeit mit Milch verrührt und laut schlürfend getrunken wurde. Auch mir bot man von dem frischen Blut-Milch-Getränk an. Jedes Mal musste ich mich überwinden, davon zu kosten.

Anderntags wurde eine Gazelle erlegt, ihr Fleisch nach Sonnenuntergang über dem Lagerfeuer gebraten. Es schmeckte wie Ziege. Ziegenfleisch kannte ich bereits, denn zu Ehren einiger Gäste, die einem anderen Klan angehörten, hatte *meine* Massai-Familie ein Festmahl veranstaltet und eine Ziege geschlachtet. Dass die Schenkel- und Schulterstücke, nachdem die Tierhaut mit einem Messer vom Fleisch geschält worden war, an Spießen über die Flammen gehängt wurden, war mir nicht neu. Unbehagen empfand ich dagegen, als ein junger Massai den Rumpf der Ziege öffnete und aus den Innereien eine Art Kapsel heraustrennte, deren Haut er abzog, sodass eine hellrote Wurst sichtbar wurde, die er genüsslich in den Mund steckte.

»Das ist eine Niere, etwas ganz Besonderes«, erklärte mir Itili und bot mir auch eine an. Dankend lehnte ich ab.

Gleichwohl empfand ich die Lebensweise der Massai nicht als grausam, sondern als naturnah und unverfälscht. Itili erzählte mir, dass die Massai ihre Tiere achteten und liebten, sie aber hin und wieder töten mussten, um zu überleben.

All das zu erleben, hört sich im Nachhinein vielleicht einfacher an, als es wirklich war. Denn hin und wieder gab es Tage, an denen ich mich beim Unterwegssein mit der Viehherde vollkommen unbrauchbar fühlte. Weder mit meiner Erziehung, die von einer überzivilisierten westlichen Welt geprägt war, noch mit meinen in der Schule und im Studium erworbenen Fähigkeiten konnte ich in diesem ursprünglichen Naturraum viel anfangen. Was hier, im Land der Massai, einzig und allein zählte, war das Gesetz des Überlebens.

Dennoch gefiel mir dieses Leben, weil ich von Tag zu Tag spürte, dass ich mich seelisch der Massai-Kultur tief verwandt fühlte.

Jeder Tag verlief bei den Massai nach dem gleichen Rhythmus, wenn sie einige Tage an einem Ort blieben, ehe sie wieder aufbrachen, sobald das Weideland erschöpft war oder das Wasser an den wenigen Stellen versickerte und knapp wurde: aufstehen vor Sonnenaufgang, Feuer machen und Essen zubereiten, die Rinder und Ziegen zu Wasserlöchern und Weideflächen treiben, Mittagsruhe, dann erneute Weidewanderungen bis zum Sonnenuntergang.

Die Frauen säuberten an diesen *sesshaften* Tagen meist das mit Dornenhecken umfriedete Boma und den Boden der Hütten, die mit Rinderhäuten ausgelegt waren, kümmerten sich um die kleineren Kinder, sammelten mit lauten Gesängen Feuerholz und schöpften aus sandigen Löchern Trinkwasser in Eimern oder Kalebassen, die sie mithilfe von Lasteseln transportierten.

Abends, wenn die Sonne sich dem Horizont näherte und die Herden versorgt waren, entfachten die Frauen ein Feuer und bereiteten das Essen zu. Fast täglich gab es ein Breigericht: Maismehl wurde in kochendes Wasser geschüttet und mit Milch sowie einigen Stücken Ziegenfleisch verrührt.

Vor allem die Reduzierung auf das Wesentliche, damit jeder zu essen und zu trinken hatte, beeindruckte mich bei den Massai. Doch da war noch mehr: Ihre Gastfreundschaft und ihre Großzügigkeit, die ein Vorrecht armer Völker zu sein scheint; ihr außergewöhnliches Anpassungsvermögen gegenüber einer lebensfeindlichen Natur, von der ihre Existenz abhing; ihr Daseinsrhythmus, der vom Vertrauen in die Vorherbestimmung des Schicksals geprägt war; ihre ungezwungene und würdevolle Lebensweise, die so gar nicht von ängstlichen Sorgen um das Morgen geprägt war; ihre Genügsamkeit, die vielleicht die einzige wirkliche Form der Freiheit ist; ihr unausgesprochenes, wohltätiges Gesetz, dass jeder, der mehr hat, dem Ärmeren etwas abgibt; der Umgang miteinander, wobei jeder zu jedem anderen in genau festgelegter Beziehung stand; die Hochachtung vor dem Alter, die sichtbar wurde, wenn junge Männer achtungsvoll schwiegen, sobald Ältere redeten; die Erinnerung an die Urahnen, die in vielen

Gesprächen niemals vergessen wurden. Und schließlich ihr fester Glaube, der mythischen Ursprungs war: Die Massai beteten zu einer übernatürlichen Macht, die sie Gott Engai nannten, der Schöpfer alles Bestehenden, der nicht nur sie, das *auserwählte Volk Gottes* erschaffen hatte, sondern auch ihre Rinder und die gesamte Welt.

Immer wieder habe ich es am Abend genossen, im Kreis der Massai am Lagerfeuer zu sitzen, wenn die Männer unablässig plauderten oder sangen, während das Kudu-Horn ab und an geblasen wurde, das einzige Musikinstrument, das die Massai kannten. Das waren Augenblicke, in denen die Atmosphäre mit Frohsinn und Glück erfüllt war, in denen ich jenes Gefühl von Freiheit erahnte, das die Massai über Jahrhunderte gegen den Herrschaftsanspruch staatlicher Gewalt verteidigten.

In der Rückschau bin ich für all die Erlebnisse und Erfahrungen bei den Massai noch heute dankbar. Durch sie und aus ihrer Sicht lernte ich nicht nur ihr Land kennen, sondern auch eine völlig fremde Kultur. Niemals waren sie mir gegenüber feindselig gestimmt, auch wenn mir einige Massai anfangs abweisend oder arrogant begegneten. Doch im Laufe der Wochen vermittelten sie mir das Gefühl, willkommen zu sein. So lernte ich Menschen kennen, die in der archaischen Weite sehr viel zwangloser lebten als auf dem europäischen Kontinent; Menschen, denen Rinder mehr bedeuteten als Geld, die ihren Alltag nach altüberlieferten Sitten und Werten gestalteten, die ihr nomadisches Dasein mit ihren Viehherden, den wilden Tieren, der Sonne, dem Wind und den Sternen teilten; Menschen, die sehr viel lieber durch die Savanne zogen, als ein Dasein in Städten oder Siedlungen zu führen; Menschen, die auf alle Bequemlichkeiten verzichteten, die ihnen ein sesshaftes Leben bieten würde, und in diesem Verzicht lag ihre Stärke und ihre Freude.

Der Strom jenes fremden Lebens, dem ich viele Wochen lang gefolgt war, hatte mich bereichert und mir viele Denkanstöße gegeben. Leben ist Bewegung, ist ständiger Wandel. Das hatte ich bei den Massai erfahren, die den täglichen Kampf gegen die Herausforderungen naturgegebener Verhältnisse annahmen und das ursprüngliche Gesicht der Landschaften dennoch bewahrten.

Meine Zeit in Ostafrika hatte damals tiefe Spuren in mir hinterlassen. Die Lebensweise der Massai hatte mich tief beeindruckt. Angesichts der engen Verbundenheit zwischen Mensch und Natur erkannte ich, wie wichtig es ist, sich in ein größeres Ganzes einzufügen. Und ich begriff, wie wenig der Mensch doch zum Leben braucht, um glücklich zu sein.

Diese Eindrücke und Wahrnehmungen waren für mich aber keine Verklärung einer idealen Lebensform, die von Einfachheit bestimmt wurde. Es waren vielmehr die großen Unterschiede, die mir bei einer gesellschaftlichen Gegenüberstellung deutlich wurden: einerseits die überzivilisierte und übertechnisierte Welt mit all ihren seelischen Überforderungen, in der der Mensch sich immer mehr von der Natur entfernt und einer permanenten »Gewinnmaximierung« entgegenstrebt. Andererseits eine natürliche Lebensgemeinschaft, die zweifellos ihre Mängel hat, doch einen großen inneren Reichtum birgt.

Als jahrzehntelanger Pendler zwischen diesen beiden Welten ist es vielleicht die Sehnsucht nach einer »heilen Welt«, die mich zu einem suchenden und kritischen Menschen gemacht hat.

Insofern kehrte ich seinerzeit als ein anderer nach Hause

zurück, wobei sich mir aber auch quälende Fragen stellten: Wie lange werden die Massai noch relativ unbehelligt von den Einflüssen der Zivilisation existieren können? Wird ihnen der Sprung in jene sich ständig modernisierende Welt gelingen, ohne ihre jahrhundertealte Kultur ganz aufzugeben? Oder wird es ihnen wie den Indianern Nordamerikas ergehen, denen man vorgeschriebene Reservate zuteilte, weil es im heutigen nationalökonomischen Denken kein freies, unproduktives Land mehr geben darf?

Im Savannenland
Zu den Gol Hills und in die Serengeti

Es ist noch dunkel, als wir um fünf Uhr früh das Lake Natron Tented Camp verlassen. Am südlichen Ufer des Natronsees wollen wir die zerklüftete Bergkette der Mosonik Hills hinaufsteigen, die auf kaum einer Landkarte zu finden ist. Eine Stunde klettern wir zwischen steilen Felsterrassen und kärglichem Pflanzenwuchs bergan, rutschen im Geröll, stolpern über knorrige Wurzeln, bis wir schließlich eine Stelle erreichen, die uns einen weiten Fernblick über den Natronsee bietet.

Endlos erstreckt sich die grauweiße Wasserfläche nach Nordwesten. Auf der gegenüberliegenden Seeseite ragt eine ausgedehnte Felsbühne auf, hinter der die Sonne erscheint. Zwischen einem Spalt in der Wolkendecke überflutet sie das Land mit goldenem Licht. Wir schauen und schauen, bis der Himmel stahlblau wird und die Felswände, die aus den flachen, sumpfigen Ufern des Natronsees aufragen, sich in einem hellen Kupferglanz färben.

Die Stille rundum, die wir auf dem hohen Felsgelände hören und schmecken, ist von betörender Vollkommenheit. Wie wunderbar doch alles zusammenspielt: die Kühle des Morgens, die sich langsam bewegenden Sonnenstrahlen, die Fantasieformen der Wolken, das Schimmern des Natronsees, die Magie der Landschaft.

Auf einem nahegelegenen Hochplateau erwartet uns Joseph, unser einheimischer Fahrer, der mit uns in nordöst-

licher Richtung fährt, wo das nächste Ziel unserer Reise liegt: die Gol Hills. Über unwegsamen Erdboden geht es im Geländewagen holprig voran, bis sich eine weite, helle Hochfläche öffnet. Die Salei-Ebene, die die Massai Ang'Ata-Plain nennen.
Savannenland.
Unberührte Weite.
Vor uns liegt eine Welt, die nur das Großartige zu kennen scheint. Soweit das Auge reicht, erstreckt sich eine goldgelbe Grasfläche im gleißenden Sonnenlicht. Ein wogendes Meer aus knie- und hüfthohem Gras, über dem ein wolkenloser Himmel hängt.

In der Frühjahrsregenzeit von März bis Mai schwelgt dieser Landstrich – sowie weite Flächen der südöstlichen Serengeti – in sattem Grün, das von den Tieren abgegrast wird. Auf der Suche nach weiteren Weideflächen und Wasserstellen setzt dann im Juni und Juli die Massenwanderung der gigantischen Herden ein. In diesen Monaten wandern fast zwei Millionen Weißbartgnus, Zebras und Thomson-Gazellen in einem großen Treck nach Südwesten und weiter in Richtung Nordwesten, von der tansanischen Serengeti bis hin zum kenianischen Masai Mara National Park. Im März des darauffolgenden Jahres erreichen die Herden dann wieder die südöstliche Serengeti. Ein sich ständig wiederholender Wanderzyklus, der als Migration bezeichnet wird.

Jetzt, im August, herrscht Trockenheit. Bis zum Horizont dehnt sich eine nicht enden wollende Grasfläche, die dem Fell eines Löwen gleicht. Eine Metapher, die wahrlich passt. Denn Joseph erzählt, dass in dieser Region häufig Löwen umherwandern und nach Beute (Gazellen, Antilopen) Ausschau halten. Wenn wir den Wagen verlassen, müssen wir wachsam sein.

Unsere Fahrt durch die hügelige, leere Grassteppe suggeriert uns das Gefühl von Wellengang. Es ist wie das Surfen in einer Brandungszone. In einem fort gleitet der Wagen ächzend in grasüberwachsene Bodenwellen, die wir nur erahnen können, um im nächsten Moment wieder hinaufzuklettern. Wie ein Seenotkreuzer schaukelt der Geländewagen, driftet zuweilen unkontrolliert dahin. In Sekundenbruchteilen muss sich Joseph für den jeweils besten Kurs im welligen Grasozean entscheiden.

Plötzlich ein Krachen. Es ist, als würde der Wagen das Gleichgewicht verlieren. Sekunden später sitzen wir fest. Die Achsen liegen auf einem Bodenhügel auf. Wir müssen aussteigen, um das Fahrzeug zu entlasten, während Joseph in den Vierradantrieb schaltet und wahre Lenkradakrobatik vollbringt, um den Wagen wieder flott zu bekommen.

Dann zieht ein gelblich-trüber Staubwind über die Weite, treibt eine pulvrige Substanz vor sich her, die sich wie Mehl auf die Windschutzscheibe legt und uns die Sicht nimmt.

Ein andermal stoßen wir auf ein ausgetrocknetes Flussbett, gefüllt mit schwarzem, feinem Lavasand, in dem sich die Räder unseres Fahrzeugs bis zu den Achsen einwühlen würden. Eine Durchfahrt ist unmöglich, auch weil die Ufer zu hoch und brüchig sind. Wir suchen nach einer geeigneten Furt. Vergebens. Also müssen wir das Wadi weit umfahren.

Wenn wir hin und wieder den Wagen verlassen, schweift der Blick zum Horizont. Dort sehen wir nur blauen Himmel, der mit dem Grasozean verschmilzt.

Kein Berg, kein Dorf.

Nichts.

Nur Weite, verdorrtes Gras und meterhohe Termitenbauten.

Wanderbegierig laufen wir durch die im Wind wogenden Gräser, die im Rhythmus der Schritte rascheln. Verstreut liegende Gefühlssplitter fallen hier in mir zu einem Ganzen zusammen und die Verlassenheit der Landschaft provoziert meine Sinne. Ich ertappe mich dabei, die Umgebung mit den Augen meines Vaters zu sehen: Staunend würde er hier vielleicht in die Weite schauen, würde schwärmen und sich dankbar freuen, dass es noch solche menschenleeren Naturreiche gibt.

In solchen Momenten ist mir mein Vater ganz nahe und ich versuche, mich in ihn hineinzufinden, versuche, ihn wieder zum Leben zu erwecken, um mir vorzustellen, was er wohl gesagt hätte, angesichts der fantastischen Wolkenfiguren und der unermesslichen Weite, die nur zwei Farben kennt: Gelb und Blau. Die Kluft zwischen meiner Vorstellungskraft und der Wirklichkeit kann ich in diesen Augenblicken mühelos überbrücken. Und aus der Entfernung der Jahre, die meinen Vater und mich seit Langem trennen, kann ich mir dennoch vor Augen führen, wie es wäre, wenn er hier, in der Salei-Ebene, neben mir ginge.

Vielleicht ist es eine Gabe, sich Menschen nahe zu fühlen, die uns längst verlassen haben. Mir fällt es leicht, in meiner Imagination Szenen aus der Vergangenheit mit dem Jetzt zu verbinden und alte Bilder neu zu beleben. Es sind Erinnerungsbilder, die wie ein Film durch meinen Kopf laufen, ohne Chronologie bestimmter Lebensabschnitte: Dieses Mal sehe ich meinen Vater Harry, wie er mir zu Hause im Garten hilft; sehe ihn, wie er lachend schwere hölzerne Eisenbahnschwellen, die wir als Terrassenbegrenzung nutzen wollen, auf der Schulter schleppt; wie er mit mir auf den Knien hockt und Waschbetonplatten zu einem Gehweg verlegt; wie wir uns mit einem Bohrhammer an den Abriss eines alten Schuppens machen und die mit Steinen beladenen Schubkarren zu einem Container schieben; wie ihm bei all der schweißtreibenden Arbeit das Toupet in die Stirn rutscht (wobei er ohne viel besser aussah); und ich sehe ihn abends in seinem Haus, wie er Jahre später schwer atmend die Treppenstufen zum Schlafzimmer hochsteigt, weil ihm seine Herzschwäche immer mehr die Luft nimmt ...

★

Irgendwann taucht am Horizont eine schwarze Linie auf, der wir uns gespannt nähern, und die zu einem langgestreckten Gebirgsmassiv anwächst. Die Sonne steht schon tief, als wir im welligen Meer der Gräser die dunkle Bergkette erreichen, die den Namen Gol trägt – das »harte Land« der Massai: schroffe Felswände, tiefe Schluchten, schlechter Boden mit ausgedörrten Hügeln, dornenreiches Buschwerk, kalter Wind, wenig Wasser und Schlangen, viele Schlangen.

Wie die Gestade eines felsigen Archipels ragt das kantige Massiv vor uns auf, die himmelhohen Wände sind vom Sandstrahlgebläse des Windes hochglanzpoliert. Die Schönheit dieser Bergkette, die 25 Kilometer lang und vier Kilometer breit ist, besteht in ihrer vorgeschichtlichen Entrücktheit. Auf unserer Landkarte haben die Gol Hills die Form einer riesigen Echse, der Kopf schaut nach Osten, der Schwanz ist gen Westen gerichtet. Den Bergen rundum, so entnehmen wir der Karte, haben die Massai dieser Region klangvolle Namen gegeben, die der Fremdheit der Landschaft entsprechen: Losinoni, Orkine, Watuni, Ngorika, Silalei, Olaiseri.

Wenn ich es recht bedenke, wollte ich schon seit 40 Jahren

zu den Gol Hills, in denen man gewisse Grenzen überschreitet, die, wie man so sagt, von der Vernunft gezogen werden. Denn die Gol Hills gelten als unwirtliches Bergland, waren jahrelang ein gefährlicher Traum, weil Banditen das Betreten dieser Region unmöglich machten – immer wieder überfielen sie die Massai-Dörfer und trieben das Vieh davon.

Am Rand einer Felswand campieren wir am Abend zwischen einigen Akazien, deren Astwerk wie aufgespannte Schirme hervorstehen. Sami erzählt nach dem Essen von jenen räuberischen Überfällen, die die Gol Hills lange Zeit zu einem Landstrich des Schreckens machten. Doch mittlerweile haben Militär und Ranger die Region befriedet, sodass wir am nächsten Morgen sorglos in die Sanjan-Schlucht aufbrechen können.

In der regungslosen Luft, die von zahllosen Vogelstimmen erfüllt ist, hängen noch Dunstschleier, als wir uns über einen sandigen Abstieg dem Canyon nähern. Mächtige Felsmauersegmente markieren den Eingang zur tief eingeschnittenen Schlucht. Abgeknickte Bäume mit bizarrem Wurzelwerk hängen an den Felstürmen. Geier umkreisen die noch schattigen Felswände, setzen sich auf die messerscharfen Klippenkanten, um erneut flügelschwingend in den Himmel aufzusteigen.

Das trockene, vorzeitliche Flussbett des Sanjan-Canyon, dem wir ins Innere der Gol Hills folgen, ist beiderseits durch himmelstürmende Felswände begrenzt. Von Sami erfahren wir, dass das Flussbett oberirdisch nur zur Regenzeit Wasser führt. Dann brausen gewaltige Fluten durch die Schlucht. Ungeheure Mengen von Schlamm, Gestein und Felsblöcken wälzen sich so schnell voran, dass weder Mensch noch Tier entkommen können.

Von diesen Fluten künden einige Tümpel in den ausgedörrten Wadis, die aber reich an Grundwasser sind, in dem knorrige Akazien, Fieberbäume und staubgraue Büsche wurzeln.

Massai-Männer wissen, wo sie im trockenen Flussbett zu graben haben, um an wasserspeichernde Becken zu gelangen. Mit Schaufeln schachten sie mühsam tiefe Rinnen und Löcher aus, um Stellen mit genügend Sickerwasser für ihre Herden freizulegen, die am frühen Morgen von den jungen Männern zur Tränke in die Schluchten getrieben werden. Nur mit einem leichten Tuch um die Hüften bekleidet, stehen die Männer in einem drei bis vier Meter tiefen Erdloch und graben unermüdlich nach Grundwasser. Wenn sie fündig geworden sind, wird die graubraune, schlammige Brühe in Eimern zu den Tiertränken geschleppt.

Zur Morgendämmerung, wenn die Herden in den Canyon ziehen und sich Hunderte Rinder, Ziegen, Schafe und Maultiere um die wenigen Löcher stellen, an denen das kostbare Wasser zutage tritt, bieten sich uns biblische Bilder. Die Luft ist dann erfüllt von einem ungeheuren Getöse: Brüllen, Stampfen, Schnaufen, Zischen.

Je weiter wir in das Herz der Gol Hills vordringen, desto schlammiger wird der lehmartige Canyonboden, was das Gehen erschwert. Oft bleiben wir mit den Stiefeln stecken. Zudem wird die Schlucht immer enger. Bis auf Schulterbreite rücken die Felswände zusammen. Und während die wasser- und windpolierten Steilwände bis zu halber Höhe in der Sonne stehen, liegt der Grund des Canyons im Schatten. Ohne lichten Ausweg wird die Sanjan-Schlucht zu einer Röhre, die mitten durch die Berge führt. Wie ein Riss in der Erdkruste wirkt der Canyon, dem wir im Zickzackkurs folgen.

Wenn Rinder oder Ziegen uns entgegenkommen, tanzen

staubfeine Partikel vor unseren Augen. Dann müssen wir den Weg freimachen, drücken uns in eine Nische an die Felswand, während die Tiere an uns vorbeistapfen.

Beim Blick auf den Boden versuchen wir, auf Schlangen zu achten, deren Spuren im lockeren Sand deutlich sichtbar sind. Doch wie soll man in diesem schattigen Reich eine Schlange erkennen?

Beim Blick nach oben, wenn wir den Kopf weit in den Nacken legen, entdecken wir in ausgehöhlten Felslöchern die Nistplätze vieler Vögel – und ein Stück Himmel.

Stundenlang klettern und kriechen wir über steinerne Rinnen und große Blöcke, die uns gelegentlich den Weg versperren. Wir folgen einer Schluchtenwindung nach der anderen, können die Flut der auf uns einstürzenden Eindrücke kaum verkraften, und gehen dennoch weiter voran, werden tiefer und tiefer in das Felsenreich der Gol Hills hineingezogen. Wie einem inneren Zwang folgend dringen wir in die Sanjan-Schlucht ein, als hätte uns das Canyonfieber gepackt.

Ein Dauerangriff auf die Sinne.

Als die Abenddämmerung hereinbricht und orangerote Himmelsbänder die hohen Klippenränder berühren, verdunkelt sich die Sanjan-Schlucht. In fröstelnder Kälte zeigt uns der Canyon das Antlitz einer schauerlichen Unterwelt. Höchste Zeit, um an die Erdoberfläche zurückzukehren, um vor der Finsternis unser Lager zu erreichen.

★

Nur einige Steinwürfe von den Gol Hills entfernt, treffen wir im weiten Nirgendwo auf einige Bomas der Massai. Vier bis sechs Hütten aus Lehm, Kuhdung, Ästen und ausgedörrten

Grasdächern bilden dauerhafte Siedlungen. Ausgebleichte Dornenhecken darum, die sich farblich kaum von der Umgebung abheben, schützen Mensch und Vieh vor wilden Tieren. An den hölzernen Eingangstoren scheppern Blechbüchsen an einer Schnur im Wind, die Hyänen und Löwen verscheuchen sollen.

Fremde sind in dieser Region eine Seltenheit. Nicht viele Europäer sind bislang in diese entlegene Weltecke gereist. Sami fragt deshalb immer die Ältesten, ob wir willkommen sind, bereitet die Massai auf die Begegnung mit uns vor.

Meist erwartet uns dann ein freundliches Empfangskomitee am Eingang. Wir blicken in Gesichter, in denen Genügsamkeit und Überlebenskraft zu lesen sind.

Ein kurzer, flüchtiger Händedruck; die Hände der Massai sind so rau wie Steine.

Es folgt der Austausch eines Suaheli-Dialogs.

»Jambo.« (Guten Morgen oder guten Tag!)

»Habari?« (Wie geht's?)

»Nzuri.« (Ganz gut.)

Dann werden wir von den überschlanken Steppensöhnen mit hochmütiger Gebärde in das Boma geladen. Magere Hennen und spindeldürre Hunde ergreifen die Flucht. Frauen in farbenprächtigen Gewändern blicken verstohlen, die bunten Perlenketten, die sie um den Hals tragen, scheinen mit dem Alter zuzunehmen. Kinder schauen mit großen Augen, um ihre Münder und Nasen bilden die Fliegen einen geschlossenen Kreis.

Augenblicke ungeteilter Aufmerksamkeit.

In einem Boma beeindruckt uns vor allem der Älteste des Klans, anscheinend der Chef, ein kahlköpfiger, hochgewachsener Massai, der überlegene Würde ausstrahlt. Um seine

Schultern trägt er eine knielange Wolldecke mit dem Abbild der amerikanischen Flagge. Warum das Symbol der USA? Er weiß nichts über Amerika, er hat die Decke nur wegen ihrer Farbgebung auf einem Markt gekauft: Rot und Blau sind die Farben der Massai. Beim Rundgang durch das Boma wird deutlich, dass es bei den Massai kaum Privatleben gibt. Jede Familiengruppe hat zwar ihre eigene Hütte, die aber für jeden offen zugänglich ist. Jeder sitzt bei jedem, jeder nimmt am Leben der anderen teil. Der soziale Zusammenhalt ist sehr eng, die Lebensgrundlage sichert die Gemeinschaft und die Jagdbeute ist Besitz des Jägers, wird aber unter allen aufgeteilt, erfahren wir von Sami.

Schließlich führt uns der Chef zu einem länglichen Lehmgebäude, das außerhalb des Dornwalls steht. Das Dach ist mit dicken Ästen gedeckt, die eng beieinanderliegen. Der einfache Bau ist *seine* Kirche und er ist der Pastor, erzählt der Chef. Der Innenraum ist schlicht: Ein paar Holzbänke und ein Tisch, der als Altar dient. Darauf steht eine Vase mit Plastikblumen. An der Wand hängen bunte Girlanden und ein hölzernes Kreuz.

Ich bin irritiert. Das Aufeinandertreffen von katholischem Glauben auf der einen Seite und der traditionellen Glaubensvorstellung der Massai auf der anderen Seite macht mich nachdenklich.

Vor 40 Jahren, als ich zum ersten Mal in das Land der Massai kam, verehrten die Nomaden noch ihren Schöpfer Engai, wertschätzten die Berge, die Luft, das Wasser, ihre Rinder. Die Menschen waren zutiefst spirituell, glaubten an etwas, ohne das das Leben nicht möglich wäre. Und nun? Innerhalb von vier Jahrzehnten hat man vielen Massai ihren Glauben genommen, hat ihren Gott durch einen anderen Gott ersetzt. Ich frage mich, warum. Warum müssen Menschen mit anderen Glaubensvorstellungen von uns, von der westlichen Gesellschaft, missioniert werden? Sind es nicht die unterschiedlichen Lebensformen und Weltanschauungen, die unseren Planeten so bunt und reich machen? Ich sehe in einer globalen Anpassung des Glaubens und des Lebensstils keine Notwendigkeit, auch wenn ich selbst evangelisch erzogen wurde und nach wie vor Mitglied der Kirchengemeinschaft bin.

*

An diesem Abend sitze ich bis spät in die Nacht allein am Lagerfeuer des Camps und betrachte den rötlichen Schein der Glut. Über mir wölbt sich ein großer Mond am indigoblauen Himmel. Kristallklare Sternenbilder flimmern aus der dunklen Weite, wirken in der warmen, fast betörenden Luft ganz nah. Sternschnuppen schießen über den Abendhimmel. Die tiefe Stille der Nacht, das sanfte Raunen des Windes und das leise Rascheln der Gräser sind eine magische Brücke zum Verstehen der Natur. In meinem Körper fühle ich eine wohlige Schwere, während ich hin und wieder mit einem langen Stock in der Asche herumstochere, in die Glut puste, bis erneut orangerote Flammen hochwachsen, die sich um die Hölzer wickeln.

Die Begegnungen mit den Massai, die wir auf unserem Weg durch den Norden Tansanias trafen, gehen mir nicht aus dem Kopf. Und auch die vielen Gespräche mit unseren Guides, Sami und Alex, haben mir viel Stoff zum Nachdenken geliefert. Vor allem durch sie haben wir eine Menge über das heutige Leben der Massai erfahren, das sich gar nicht so sehr von meinen Erinnerungsbildern unterscheidet.

Natürlich hat sich innerhalb von 40 Jahren einiges verändert: Manche Familien sind sesshaft geworden, leben in dauerhaften Dorfgemeinschaften. Andere arbeiten saisonal in Hotels oder für Reiseagenturen. Die Anbindung an die sogenannte zivilisierte Welt ist enger geworden, hat zu Verwundbarkeit und Identitätsverlust geführt, und der zunehmende Tourismus ist in immer entlegenere Regionen vorgedrungen. Er hat den Massai nicht nur das Handy gebracht, sondern auch Wünsche geweckt, die zuvor kein Thema waren.

Gleichwohl sind viele Massai in einigen Teilen Tansanias, zum Beispiel in den großen Savannen und den ausgedehnten Bergregionen zwischen Ngorongoro-Krater, Ol Doinyo Lengai, Natronsee und Gol Hills, nach wie vor Nomaden geblieben, die sich den auferlegten Gesetzen der extremen Umwelt völlig anpassen können – und mehr oder minder zufrieden leben.

Doch diese traditionelle Welt droht unterzugehen. Der Hunger nach Land und Profit macht längst nicht mehr Halt vor alten Kulturen. Im Namen des Fortschritts und des vermeintlichen Wohlstandes wird alles glattgebügelt und zivilisiert. Dabei wird komplett übersehen, dass die jahrhundertealte Lebensart der Massai den Menschen ein sehr viel freieres und unabhängigeres Leben ermöglicht. Wird dieser Veränderungsprozess nicht gestoppt, drohen auch die Massai auszusterben. Dann entschwindet nicht nur ein uralter Nomadenstamm. Es wird auch etwas verloren gehen, das für mich mit Empfindungen und Sehnsucht zu tun hat.

Ich erinnere mich, dass es auch die Sehnsucht nach einem überschaubaren Leben und einer ursprünglichen Lebensart war, die mich als junger Mensch in die Fremde lockte. Es war der klangvolle Name *Massai*, der mir die Hoffnung eines grenzenlosen Gefühls von Freiheit vermittelte. Ein Name, der für das naturgegebene Verhältnis zwischen Tier und Mensch stand, der mir die Weite eines grenzenlosen Raumes vermittelte, in dem sich die Klans der Nomaden jenseits aller staatlichen Gesetze völlig frei bewegten.

Angesichts dieser Empfindungen bin ich zu der Überzeugung gelangt, dass all die globalen Verhaltensweisen der westlichen Welt, all die Fortschrittsbemühungen und all das Bestreben des *modernen Menschen*, sich von der Natur zu emanzipieren, nur eine Illusion ist im Ozean der Zeit.

Kurzum: Um das Überleben der nomadischen Kultur – und auch der Welt – zu garantieren, brauchen wir eine Kultur des gegenseitigen Respekts, eine Zivilisation ohne unzumutbaren Beigeschmack, in der Unterschiede nicht als Bedrohung, sondern als Bereicherung wahrgenommen werden. Nur so kann unsere Welt zu einem besseren Ort für alle werden – sowohl für die sogenannten Zivilisationsgesellschaften als auch für die Naturvölker, ehe der Wind ihre Spuren für immer verweht.

★

Einige Tage später verlassen wir die Gol Hills im Geländewagen und fahren mit der aufgehenden Sonne hinaus in die Serengeti, die seit mehr als fünf Jahrzehnten der Inbegriff eines urwüchsigen Afrikas ist. Mit einer Fläche von fast 15 000 Quadratkilometern, das entspricht beinahe der Fläche von Schleswig-Holstein, zählt der wohl bekannteste Nationalpark der Erde seit 1981 zum Weltnaturerbe der UNESCO.

Serengeti bedeutet so viel wie »das endlose Land« und wurde von dem Massai-Wort *Siringitu* abgeleitet. Ausgedehnte

Grassteppen mit hügeligen, bewaldeten Ebenen bilden einen faszinierenden Naturkorridor, der in Höhen zwischen 1200 und 1500 Metern liegt.

Wolkenwellenbänke leuchten am Himmel, perlmuttfarbenes Licht strahlt über der Savanne, als wir durch eine afrikanische Bilderbuchlandschaft fahren. Ausladende Schirmakazien und urige Buschzonen wechseln mit glänzenden Wassertümpeln und ausgedehnten Hügelketten. Die zeitlupenhafte Fahrt gibt den Rhythmus vor und Joseph, unser tansanischer Fahrer, sieht alles, erkennt jedes Tier, trotz Tarnfarbe und Buschversteck: Gazellen, Giraffen, Zebras, Elefanten, Kaffernbüffel, Warzenscheine, Hyänen, Löwen, Geparde und Strauße, die ihre Periskope auf uns richten.

Tiere, Tiere, Tiere – die größten Wildherden Afrikas, das bietet die himmelweite Hochlandsteppe der Serengeti, die wir mehrere Tage lang erkunden. Tage, in denen wir all die Phänomene dieses einzigartigen Tier- und Naturrefugiums mit solcher Eindringlichkeit wahrnehmen, dass wir uns ins Glück gerückt fühlen. Tage, in denen wir an das Vater-Sohn-Gespann Bernhard und Michael Grzimek denken, die sich für den Schutz des Serengeti-Nationalparks einsetzten, »damit die Welt wenigstens an einem Fleck so herrlich bleibt, wie sie erschaffen wurde«. Und Tage, in denen mein Sohn – wie im Ngorongoro-Krater – eine wilde Weitläufigkeit mit ungeheuerlichem Tierreichtum erlebt, die ihn tief berührt.

Manchmal sind wir regelrecht sprachlos, wenn wir das heillose Durcheinander sehen, das innerhalb einer Zebraherde herrscht, die aus mehr als 200 Tieren besteht. Doch für dieses dichte Gedränge, so erzählt uns Joseph, gibt es eine Erklärung: Alle Herden der breitgestreiften Steppenzebras bestehen aus mehreren festen Familienverbänden, die meist aus einem

Hengst, mehreren Stuten und deren Fohlen bestehen. Bis zu ihrem Tod bleiben die Stuten im Schoß der Familie, deren Mitglieder führen ein organisiertes Sozialleben, zeigen ein ausgeprägtes Verantwortungsgefühl und erkennen einander unter Tausenden von Tieren wieder.

Beim Beobachten der vielfältigen Zebra-, Gnu- und Büffelherden, die grasend über die Savannensteppe wandern, was ihrer Gewohnheit entspricht, liegt es auf der Hand, dass wir uns von Tag zu Tag in die Bewegungen der Tiere verlieben. In unendlich vielfältigen Gangarten sind sie unterwegs: geschmeidig, anmutig, selbstbewusst, muskelstrotzend, schlafwandelnd, träumerisch, erotisch. Manche Tiere bewegen sich langsam oder sanft, wandeln ruhig und gelassen dahin, andere sind fast in Zeitlupe unterwegs, und wieder andere rennen, hüpfen oder springen wellenförmig. Jede Tierart hat ihren eigenen Gang. Und jedes Tier in freier Wildnis ist Leben in ihrer ursprünglichsten Form, liefert uns einen Blick auf die Schöpfung. Eine ungeschönte Schöpfung, die nicht nur verzaubert, sondern auch erschreckt. Zum Beispiel, wenn Löwen ein Zebra reißen und wir hören, wie die Knochen beim Fressen knirschen. Fauchend geraten die Mähnentiere um ihre Beute in Streit. Stunden später machen sich dann Hyänen über die Reste her.

In der Serengeti hängt alles mit allem zusammen.

Gleichwohl ist das großartige Idyll der Serengeti bedroht: Ungeachtet aller Verbote dringen Wilderer, Fallensteller und Trophäenjäger immer wieder in den Nationalpark ein; andere sammeln Brennholz, graben nach Wildgemüse oder mähen frische Grasflächen; die Massai treiben ihre Rinderherden zum Weiden in die Schutzzone, obgleich die Vegetation nicht ausreicht, um die Ernährung der Viehherden und Wildtiere zu garantieren; Elefanten verwüsten jedes Jahr einen großen Teil des Baumbestands; ersehnte Regenfälle bleiben durch den Klimawandel aus; Blitzeinschläge führen zu Steppenbränden, die Bodenerosionen auslösen; die Bevölkerung im Norden und Nordwesten von Tansania wächst jährlich um 15 Prozent, sodass Siedler, die nach neuem Lebensraum suchen, bis zu den Grenzen des Parks vordrängen, die Serengeti mit ihren Feldern einengen und aus Flüssen und Seen das Wasser ableiten. Zudem bedrohen Seuchen immer wieder den Tierbestand: Hundestaupe, Rinderpest, Tollwut, Milzbrand, Maul- und Klauenseuche. Und schließlich ist da noch der zunehmende Tourismus, der zwar zu wichtigen Geldeinnahmen führt, die zur Bewahrung des Nationalparks beitragen und notwendig sind, doch mehr Touristen bedeuten mehr Autoverkehr im Park, wobei manche, auf der Suche nach Sensationen, sich nicht um die vorgeschriebenen Fahrwege kümmern und querfeldein kreuzen, sodass ein Zerstören der eigentlich zu schützenden Landschaft längst begonnen hat.

*

Am späten Nachmittag verlassen wir meist die Serengeti und verbringen die Nächte im Lake Masek Tented Camp am leicht sodahaltigen Masek-See, nur zwei Kilometer südlich des Nationalparks. An einem dieser Abende sitzen Aaron und ich in der Dämmerung auf einer großen Holzterrasse. Die Sonne streut ihr glühendes Licht über die Weite und in einem eisernen Feuerkorb knistern die Flammen. Seltsame quakende und zirpende Geräusche umgeben uns. Hyänen heulen, Elefanten trompeten, als mein Sohn über all seine Eindrücke in der Serengeti spricht, die ihm wie ein Garten Eden mit paradiesischer Tierwelt erscheint. Diese Schatztruhe Ostafrikas versinnbildlicht für ihn die Hoffnung auf eine bleibende Unberührtheit. Eine Hoffnung, die nur Wirklichkeit werden kann, wenn der Mensch diese Urlandschaft kompromisslos schützt und bewahrt.

In der Olduvai-Schlucht
Wo mit dem aufrechten Gang alles angefangen hat

Südlich der Serengeti liegt die Olduvai-Gorge, eine bis zu 100 Meter tiefe Schlucht, die sich über eine Länge von rund 50 Kilometern erstreckt. Sie wurde geformt vom Olduvai River, der in Tausenden von Jahren sechs Ablagerungsschichten unterschiedlicher Erdzeitalter freilegte. In dieser Region sollen die Vorfahren des heutigen Menschen fast ununterbrochen gelebt haben.

Hier, in der sogenannten »Kinderstube der Menschheit«, wo mit dem aufrechten Gang alles angefangen hat, wollte ich schon immer hin. Unwiderstehlich hat es mich zu diesem wüstenhaften Landstrich hingezogen, wo wir auf der sinnfälligen Fährte der ersten Menschen über Sand und Stein wandern. Diese Region löst Emotionen aus – jedenfalls in mir. Denn in diesem Winkel der Erde stellt sich der Norden Tansanias nicht nur als geografischer Raum dar, sondern als Ort der Besinnung auf die Entwicklungsgeschichte des Menschen. Und hier, im Ostafrikanischen Grabenbruch, wo ich als Student viele Monate bei den Stämmen der Turkana und Massai gelebt habe, entstand meine Leidenschaft für das Zu-Fuß-Reisen, das durch eine Weisheit der Nomaden bereichert wurde, die ich seinerzeit auf ihren Vieh- und Karawanenwanderungen und Karawanenwegen begleiten durfte: Nach längerem Unterwegssein machten sie kurz vor ihrem Ziel (ein Dorf oder eine Wasserstelle) noch einmal Halt und verweilten einige Minuten, damit ihre Seele sie einholte. Denn: Nur zu

Fuß hält die Seele Schritt. Diesen Satz steckte ich mir in meinen *inneren Rucksack* und er wurde zum Leitgedanken auf all meinen Reisen.

Kein Wunder also, dass ich mich in der Olduvai-Schlucht von einer unsichtbaren Kraft angezogen fühle und mit meinem Sohn voller Begeisterung durch diese wüstenhafte Landschaft laufe, in der Archäologen, Paläontologen und Geologen seit vielen Jahrzehnten dem Ursprung des Menschen auf der Spur sind.

1911 stieß hier der deutsche Professor Wilhelm Kattwinkel (1866–1935), der zur Erforschung der Schlafkrankheit nach Ostafrika gereist war, auf fossile Knochen eines menschlichen Skeletts. Sein Fund löste in Europa kontroverse Diskussionen aus, sodass Kaiser Wilhelm eine Expedition unter der Leitung des Berliner Geologen Hans Reck (1886–1937) nach Afrika entsandte, der in der Olduvai-Schlucht einen etwa 20 000 Jahre alten Schädel fand, das erste Hominini-Fossil. Einige Jahre später machte das britische Anthropologen-Ehepaar Mary und Louis Leakey an diesem Ort einige aufsehenerregende Funde: Bei ihren Ausgrabungen in der Olduvai-Schlucht legten sie nicht nur eine Fülle tierischer Fossilien frei, sondern fanden auch zahlreiche Faustkeile und Steinwerkzeuge des Vormenschen. 1959 war es dann auch Mary Leakey, die den halben Schädel eines über zwei Millionen Jahre alten Urmenschen entdeckte, sodass alle bis dahin geltenden Annahmen über unsere Vorfahren umgeschrieben werden mussten.

Auch in der Nähe des Natronsees, in einer Region namens Engare Sero, waren wir bereits auf einige Spuren des aufrecht gehenden Vormenschen gestoßen, als uns Sami zu einigen verwitterten Felsplatten führte, auf denen frühe Trittspuren deutlich sichtbar waren. Wir fühlten uns wie Robinson Crusoe, der am Strand einer fernen Insel plötzlich menschliche Spuren entdeckt, als wir die hominine Fährten vor uns sahen. Mehr als 100 000 Jahre alt sind die 350 fossilen Abdrücke von Frühmenschen; sie stammen von mehr als 30 Männern, Frauen und Kindern, die ihre Trittsiegel in frischer Vulkanasche hinterlassen haben. Die Lavaströme haben einen hohen Karbonatit-Gehalt und dieses Karbonatit wird in Verbindung mit Wasser hart wie Zement. Dadurch haben die Trittspuren die Zeit überdauert. Erst 2008 wurden die versteinerten Fußabdrücke auf einer Fläche von 150 Quadratmetern entdeckt.

Doch nicht nur am Natronsee und in der Olduvai-Schlucht wurden Fußspuren und Knochen des Vormenschen gefunden. In den letzten 50 Jahren machten Wissenschaftler bei Ausgrabungsarbeiten im Ostafrikanischen Grabenbruch aufregende Funde, die zu aufschlussreichen Erkenntnissen über die Entstehung des Menschen führten.

Und auch in anderen Teilen unserer Welt wurden mittlerweile Knochen und Kiefer des Vormenschen entdeckt – in Südafrika, Marokko, Griechenland, Sibirien und Eurasien –, sodass unterschiedliche Vorfahren gleichzeitig nebeneinander lebten, sich vermischten und neue Menschenarten entstanden.

Doch eine der »Wiegen der Menschheit« stand zweifelsfrei in Ostafrika. Dort, in den fruchtbaren Savannen, hat sich auch ein großer Teil des Frühmenschen zum Homo erectus entwickelt. Dieser »Aufrechtgehende« war die erste hominine Art, die das Feuer nutzte, zur Nahrungsversorgung auf die Jagd ging und wie der moderne Mensch aufrecht laufen konnte.

Das Buch unserer Entwicklungsgeschichte ist im 21. Jahrhundert weit geöffnet, wenngleich vieles noch ungeklärt ist.

Auch die Frage, wie die heutigen Menschen aus unseren unmittelbaren Vorfahren entstanden, ist noch immer nicht vollständig beantwortet. Es ist das »fehlende Glied« (Missing Link), das nach wie vor im Verborgenen liegt – und das uns vielleicht irgendwann die fehlenden Antworten über die Entstehung des Menschen liefern wird. Dabei spielen der Werkzeuggebrauch, der aufrechte Gang, die Sprachentwicklung und der Beginn *menschlichen* Verhaltens eine wesentliche Rolle.

Doch selbst wenn in Zukunft das Geheimnis unseres Ursprungs durch die Verknüpfung neuer Fossilfunde und genetischer Daten gelöst werden wird, so wird die Kausalitätskette – Vorfahre, Menschwerdung und Menschlichkeit – wohl kaum genau zu bestimmen sein. Das, so denke ich, ist vielleicht auch nicht so entscheidend. Viel wichtiger erscheint mir dies: In einer Zeit, in der die Egoismen und die Gewaltbereitschaft immer mehr zunehmen, sollte sich der Mensch darauf besinnen, dass die *Menschlichkeit* ein signifikantes Merkmal unserer Identität ist. Wenn wir diese wunderbare Eigenschaft verlieren, wird die Menschheit sehr viel ärmer sein.

Anderntags verlassen wir die Olduvai-Schlucht und fahren im Geländewagen zu einem kleinen Flugplatz südlich des Lake Ndutu. Während Carsten zurück nach Deutschland fliegt, besteigen Aaron, Rainer und ich auf einer Stein- und Sandpiste eine achtsitzige Propellermaschine und fliegen über eine großartige Landschaft.

Aus der Luft sehen wir vielgestaltige Szenerien von Urweltlichkeit, bizarre Naturbilder, wie von Künstlerhand fantasievoll geschaffen: weite Steppen und wellenartige Savannen, baumlose Gebirgsketten und blaugraue Flussläufe, die sich in unzähligen Windungen durch zerklüftetes Erdreich schlängeln; karstige Flächen und üppiges Grün wechseln mit harten Strukturen und topografischen Formen, prallen auf weiche Linien und ungewöhnliche Muster. Das Wesen der Dinge verschwimmt zwischen Realität und Schein. Alles fließt ineinander, verliert seine vertraute Ordnung, verbindet sich zu einer harmonischen Einheit und bringt uns zum Staunen.

Nach einer Flugstunde weist der Pilot auf ein mächtiges Gebirgsmassiv: Dort ragt er auf, Afrikas Größter. Dekorative Wolken hängen unterhalb der Schneegrenze an den ausladenden Flanken, ansonsten prangt der Kilimandscharo im makellosen Sonnenschein, einer der schönsten Vulkanberge der Welt.

Der Lebenstraum meines Vaters.

Wir fliegen ihm entgegen.

DRITTER TEIL

Kilimandscharo

… dort vor ihnen, so weit er sehen konnte,
so weit wie die ganze Welt, groß, hoch
und unvorstellbar weiß in der Sonne war der
flache Gipfel des Kilimandscharo. Und dann
wusste er, dorthin war es, wohin er ging.

Ernest Hemingway (1899–1961),
›Schnee auf dem Kilimandscharo‹

Im Regenwald

Milchiger Dunst zieht vom Boden herauf. Morgenkühle. Modergeruch. Es riecht wie in einem feuchten Kellergewölbe. Über uns ein Meer aus Wipfeln, die den Himmel verdecken. Nur hier und da fällt gebündeltes Sonnenlicht von oben mit flirrenden Streifen durch die dicht verwachsenen Baumkronen, die wie filigrane Kunstwerke wirken. Im smaragdenen Zwielicht wandern wir durch ein gewaltiges Grün. Bäume, Sträucher, Gestrüpp, Blättervorhänge und Wurzeln bilden ein dichtes Geflecht, wirken links und rechts des Pfades wie eine grüne Barriere. Vor mir geht unser einheimischer Bergführer Charles, hinter mir setzen mein Sohn Aaron und Rainer einen Fuß vor den anderen. Den Schluss bildet Steve, ein zweiter ortskundiger Guide.

Niemand spricht ein Wort, als wäre es durch ungeschriebene Gesetze verboten. Schritt für Schritt wandert unsere Fünfergruppe über schlammigen Erdboden. Ich höre das schmatzende Geräusch unter den Stiefeln. Irgendwo rauschen Wasserfälle, plätschern Flussläufe, Millionen von Blättern wispern im Wind. Hin und wieder bleibe ich zurück, um die zahllosen Blattformen zu betrachten: winzig kleine und riesengroße, sie sind gewölbt, zungenartig oder herz- und pfeilförmig. Blätter, die wie überdimensionale, aufgespannte Regenschirme wirken. Blätter in unterschiedlichen Grüntönen: dunkelgrün, flaschengrün, pistaziengrün, lindgrün, olivgrün, neongrün. In diesem Dschungel, der alle Maßstäbe einer Waldwildnis sprengt, überlagern sich Fantasie und Realität, sind Schönheit und Unwirtlichkeit eine wunderliche Verbindung eingegangen.

Seit Stunden laufen wir auf einem schlüpfrigen Pfad durch den feuchtkühlen Kilimandscharo-Regenwald. Ich habe keine Ahnung, wie groß dieser Urwald eigentlich ist; ich weiß nur, dass er die Hänge des Kibo säumt.

Es ist Mitte August und der Wettergott ist uns gnädig. Bei gefühlten zwölf Grad fällt leichter Nieselregen. Hamburger Schmuddelwetter statt tropischer Schwüle. Ein angenehmes Klima zum Wandern, wobei wir unsere Blicke kaum von dem grandiosen Pflanzengewirr lassen können und unsere Füße immer wieder an knorrigen Wurzelsträngen hängenbleiben. Wenn umgestürzte Stämme, die, von Pilzen und Schmarotzerpflanzen zerfressen, im Weg liegen, müssen wir die vor sich hin rottenden Hindernisse erklettern oder umgehen, während von weit oben der Gesang unbekannter Vögel an unsere Ohren dringt, die in den Kronengeflechten sitzen, auf Ästen, die für unsere Augen unsichtbar sind.

Aufgeschreckt von den Geräuschen unserer kleinen Karawane erheben sie sich, flattern mit lauten Schreien durch die Lüfte, während schwarz-weiße Colobus-Affen im grünen, flirrenden Halbschatten von Ast zu Ast turnen. Oft bleiben wir stehen und beobachten die unternehmungslustigen Primaten, deren Gesichter und Rückenhaare weiß gefärbt sind. Ihre Kopfrumpflänge beträgt 40 bis 70 Zentimeter. Noch länger ist ihr langhaariger Schweif, der zuweilen 100 Zentimeter erreicht. Vereint bewegen sie sich durch die dichten Wipfel, wirken in ihrem ursprünglichen Lebensraum psychisch und physisch völlig unversehrt, im Gegensatz zu ihren Artgenossen in herkömmlichen Zoos.

Charles, unser Guide, erzählt mir, dass die Colobus sehr fürsorgliche Primaten sind. Weibchen wie Männchen widmen ihren Jungtieren große Zuneigung, suchen engen Körperkontakt und nehmen sie tagelang mit auf die Bäume. Wie einst der Frühmensch, benötigen die Colobus-Affen, die zur Familie der Meerkatzen zählen, ein großes Streifgebiet. Fast paradiesisch erscheinen mir diese Begegnungen im Regenwald, wenn man weiß, wie ruinös der Mensch mit der Natur umgeht und immer mehr Raum für sich beansprucht.

Höher und höher windet sich der schmale Pfad durch die dichte Pflanzenmasse, die ihre eigene Chaosordnung hat. Manchmal habe ich das Gefühl, als würden wir uns in einer Riesenglocke aus wildem Immergrün befinden, das wächst und wächst und wächst. Stunde um Stunde gehen wir mit schweißnassen Rücken durch das kompakte Grün. Mannshohe Riesenfarne halten zwischen ihren filigranen Blättern den Bodennebel fest. Wir passieren meterhohe, schilfartige Gräser und moosbewachsene Äste, auf denen ganze Landschaften wachsen: Da sprießen Blumen, junge Schösslinge und weitere mir unbekannte Pflanzen aus den aufrecht stehenden Stämmen.

Die mächtigen Bäume mit einem ständig tropfenden Laubdach, von deren Astgewirr verknotete Lianentaue und meterlange Flechtenschleier herabhängen, die zerrissenen Vorhängen gleichen, sind nicht nur lebendig, sie scheinen uns auch auf seltsame Weise anzusehen. Denn diese hohen und alten Bäume mit ihren faltig-runzligen Rinden wirken wie Säulen oder Monumente eines magisch-mystischen Reiches. Es liegt auf der Hand, dass ich hier an Geschichten und Legenden denke, die von heiligen Wäldern erzählen, denen unsere Vorfahren ihre Verehrung darbrachten, weil sie Orte von Geistern,

Dämonen und Göttern waren. Unvermittelt kommt mir ein Satz des Naturdichters Henry David Thoreau in den Sinn: »Ich glaube, meine Seele muss ein helles, unsichtbares Grün sein.«

★

Unser Aufstieg zum höchsten Berg Afrikas hat vor dem Eingang zum Kilimandscharo-Nationalpark begonnen. Ein Geländewagen hatte uns am frühen Morgen zum Gate der Lemosho-Route gebracht, wo wir verabredungsgemäß unsere Guides und Träger trafen. Wir hatten uns für die Lemosho- sowie die Northern-Circuit-Route entschieden. Auf einer Höhe von rund 4000 Metern umkreist sie den Kilimandscharo von Westen nach Norden im Uhrzeigersinn, ehe der Gipfelaufstieg von Osten erfolgt. Diese längste und malerischste Route ist gegenüber anderen Aufstiegsvarianten konditionell zwar recht anspruchsvoll und sehr viel fordernder, bietet aber fantastische Panorama-Ausblicke auf den Berg und die kenianische Ebene. Überdies wird die zwölftägige Kilimandscharo-Umrundung entlang der Nordhänge nur selten begangen und bietet somit optimale Akklimatisierungszeit.

Mein Vater hatte sich Ende der 1980er-Jahre, als die Lemosho- sowie die Northern-Circuit-Route noch kaum bekannt waren, für die Marangu-Route entschlossen, die auch Coca-Cola-Route genannt wird. Es ist der einzige Trail mit festen Unterkünften. Übernachtet wird in Hütten mit einfachen Betten und Matratzen. Innerhalb von vier oder fünf Tagen kann man auf dieser Route den Gipfel erreichen, doch bleibt nur wenig Zeit zur Höhenanpassung, weshalb ich mir seinerzeit große Sorgen um meinen Vater gemacht habe.

Im Geländewagen war er vom kenianischen Mombasa zu

dem kleinen Dorf Marangu (Tansania) gefahren, eine Strecke von 250 Kilometern, um im gleichnamigen Hotel zu übernachten. An der überfüllten Bar des Marangu-Hotels, in dem einst Ernest Hemingway, die englische Queen, Edmund Hillary, der Erstbesteiger des Mount Everest, sowie Neil Armstrong, der erste Mensch auf dem Mond, logiert hatten, lernte er seinen Bergführer kennen: Goodluck, zu deutsch »Vielglück«. Der Name seines Guides erschien meinem Vater als gutes Omen. Zudem war Goodluck mit seinen 24 Jahren bereits 35 Mal auf dem Gipfel des Kilimandscharo gewesen; erst als Träger, dann als Bergführer.

Am späten Nachmittag versammelte sich eine Gruppe von Bergwanderern zum traditionellen Briefing um ein offenes Kaminfeuer im Aufenthaltsraum. Goodluck sprach von den Anforderungen der nächsten Tage, von den unterschiedlichen Camps und den Etappen, von Akklimatisation und Höhenkrankheit. Und er erzählte von jener Zauberformel, die jeder beim Aufstieg am Kilimandscharo beherzigen sollte, ob Freizeitwanderer, Amateursportler oder Bergroutinier: »Pole, pole« (langsam, langsam).

In der Nacht fand mein Vater kaum Schlaf. Erste Zweifel machten sich breit, ob er fit genug war, um den fast 6000 Meter hohen Gipfel des Kilimandscharo zu erreichen. Zudem dachte er an seine Weggefährten, die mit ihm am nächsten Morgen zum Kraterrand aufbrechen wollten: zwei Ärztinnen aus Nürnberg, Solvey und Petra, beide um die 30, Triathletinnen mit alpiner Erfahrung, und Udo aus Frankfurt am Main, der bereits etliche Trekkingtouren in großen Höhen rund um die Welt unternommen hatte. Als sich mein Vater ihnen vorstellte, sahen sie ihn skeptisch an und schienen zu denken: »Was will denn der Alte hier?«

Früh am nächsten Morgen stand Goodluck bereit. Die Träger übernahmen das Hauptgepäck, während Harry den Rucksack schulterte, den ich ihm für die Bergtour ausgeliehen hatte. Noch vor dem Frühstück hatte er seine Ausrüstung zum wiederholten Male überprüft: warmer Pullover, Daunenjacke, Schlafsack, Isomatte, Regenbekleidung, Mütze, Handschuhe, Sonnenbrille, Notapotheke, Stirnlampe, Trinkwasserflasche und das Essenspaket für die Mittagsrast.

Dann der Aufbruch. »*Der erste Tag ging zunächst durch Kaffeeplantagen und durch dschungelartigen Regenwald, hinauf bis 2759 Meter zur Mandara Hütte*«, berichtet mein Vater auf dem Tonband.

★

Auch wir trafen am Ausgangspunkt der Lemosho-Route die letzten Vorbereitungen vor unserem Aufbruch. Sorgfältig wurde die gesamte Ausrüstung in Pack- und Rucksäcken verstaut: Zelte, Schlafsäcke, Gaskocher, Geschirr, Lebensmittel, Trinkwasser sowie das umfangreiche Film- und Fotoequipment. Plaudernd standen die Träger in einer langen Schlange, um ihre Last zu wiegen. Charles und Steve, unsere einheimischen Guides, achteten äußerst gewissenhaft darauf, dass keiner der Packsäcke mehr als 20 Kilogramm wog. Sie verfügten über große Erfahrungen am Kilimandscharo und waren uns von der Agentur Abercrombie und Kent in Arusha (Tansania) empfohlen worden. Ich hatte die Agentur im Internet gefunden, auf einer Liste von Tourenveranstaltern, die sich in Afrika für die Rechte und die Sozialstandards der Träger engagieren. Sie sorgen dafür, dass ihre Träger wetterfeste Kleidung, robuste Bergstiefel, gute Verpflegung, angemessene

Zeltunterkünfte und eine wirklich faire Bezahlung bekommen. (Nur mit einem solchen Unternehmen sollte man zu einer Bergtour in Ostafrika starten, um eine Ausbeutung der Träger zu verhindern und deren Lebenssituation zu verbessern.)

Der Abmarsch unserer Gruppe war kurios, fast unwirklich. Wir fühlten uns irgendwie unwohl, denn unsere Karawane bestand aus 19 Trägern, einem Koch, einem Camp-Organisator und zwei Bergführern. Den Schluss bildeten Rainer, mein Sohn Aaron und ich.

Noch nie war ich mit so vielen Menschen hinaus in die wilde Natur gezogen. Unwillkürlich musste ich an die Expeditionen von David Livingstone und Henry Morton Stanley denken, die im 19. Jahrhundert mit einem großen Trägertrupp in das Innere Afrikas aufgebrochen waren, um Geheimnisse zu lüften, Rätsel zu lösen, Entdeckungen zu machen. Und wir? Wir machten uns auf den Weg, um der Sehnsucht meines Vaters zu folgen, wollten einen schneebedeckten Berg jenseits des Äquators erklimmen, der längst bekannt und bestiegen war. Eine absurde Idee? Eine Frage, die mich auch weiterhin begleiten würde.

Mir war klar, dass unser Aufstieg zum Kilimandscharo in den üblichen Kategorien nur schwer zu fassen war. Der Erfolg unserer Besteigung lag nicht im Erreichen des Gipfels. Meinem Sohn und mir ging es darum, eine sich immer stärker verflüchtigende Erinnerung festzuhalten, um etwas Emotionales, das sich ausschließlich in der Verbindung zwischen meinem Vater, meinem Sohn und mir offenbaren würde. Insofern empfand ich unseren Aufbruch, als die Träger aus voller Kehle singend in den Bergregenwald eintauchten, einerseits höchst seltsam, andererseits spürte ich eine Art von Befreiung. Es war, wie wenn man nach langem Bedenken endlich eine Entscheidung gefasst hat.

*

Am späten Nachmittag erreichen wir auf einer Höhe von 2780 Metern das Big Tree Camp. Wie der Name schon vermuten lässt, liegt das Lager mitten im Wald. Mit offenem Lächeln begrüßen uns die Träger, die das Lager bereits aufgebaut haben. Aus dem Küchenzelt steigt Dampf auf. Es wird gekocht, gebacken und gebrutzelt.

Nach dem Abendessen sitzen wir im schwindenden Licht bei einem heißen Tee zusammen und lassen den Tag noch einmal Revue passieren: Da war der Urwald, diese fantastisch-verflochtene Pflanzenwelt mit ihren gespenstischen Flechtenschleiern, die wie lange Bärte von den bemoosten Ästen hingen; da waren stürzende Wasserfälle, plätschernde Bäche und wabernder Bodennebel; wir sahen bunte Vögel und schwarz-weiße Colobus-Affen, hörten vielfältige Tierstimmen und das Rascheln der Blätter im Wind. Und darüber die wechselnden Wolkenkompositionen, die sich zu immer neuen Fantasiebildern formten.

All das löst in uns Empfindungen aus, über die wir bis spät in die Nacht sprechen.

Nachtgedanken

Mitten in der Nacht fahre ich aus dem Schlaf hoch, schlage die Augen auf und starre in die Dunkelheit. Ein paar Sekunden befinde ich mich in jenem Schwebezustand zwischen Traum und Wirklichkeit, habe keine Ahnung, wo ich bin. Leicht benommen stemme ich mich auf die Ellbogen und sehe mich um. Ich brauche etwas Zeit, um mich im Schein meiner Kopflampe zu orientieren: Da ist die eisige Kälte, die ich auf der Gesichtshaut spüre, der geräuschvolle Wind, der gegen die hellgrünen Zeltwände drückt, da sind die Rucksäcke und unsere Stiefel – und da ist Aaron. In seinen Schlafsack eingemummelt liegt er neben mir.

Kilimandscharo, denke ich und weiß wieder, wo ich bin: Ich liege in einem Zelt auf fast 3000 Metern Höhe und schaue auf meinen kleinen Wecker. Es ist vier Uhr morgens. Ein wirrer Traum hat mich aus dem Schlaf gerissen. Ein unangenehmer Traum, der mit bedrückenden Bildern nachwirkt. Aus der Thermosflasche nehme ich ein paar Schlucke heißen Tee und krieche wieder tief in meinen Schlafsack. Doch das Raunen des Windes, das sich auf die stets gleiche Art wiederholt, hält mich wach. Bei jedem Windstoß flattern die Zeltbahnen. Erneut Schlaf zu finden, ist ein aussichtsloses Unterfangen. Also setze ich mich auf, greife zu meinem Rucksack, ziehe eine zerknitterte Mappe hervor und blicke auf den kleinen Kreis, den der Lichtstrahl der Stirnlampe auf meine Notizen wirft. Dann blättere und lese ich:

ÜBER DEN KILIMANDSCHARO

Afrikas weißes Dach – Legende, Mythos, Abenteuer. Kein anderer Berg ist wie dieser, der die Seele einer einzigartigen Landschaft in sich trägt. Rund drei Grad südlich des Äquators strecken sich seine faltenreichen Flanken souverän in die Höhe. Beinahe bis zu 6000 Metern erhebt sich der mächtige Stratovulkan mit drei Kegeln im Nordosten Tansanias und beherrscht das Land. Mit einer Grundfläche von 70 mal 50 Kilometer ist er der höchste freistehende Berg der Erde.

Der Ursprung des Kilimandscharo-Massivs ist eng verbunden mit der Entstehung des ostafrikanischen Grabenbruchs, dem Great Rift Valley. Eine über 6000 Kilometer lange tektonische Störungszone, die durchschnittlich 50 bis 60 Kilometer breit ist; sie erstreckt sich vom Sambesi über Ostafrika und das Rote Meer bis zum Jordangraben. An der Schnittstelle zweier Kontinentalplatten kam es vor etwa eineinhalb Millionen Jahren zu intensiven vulkanischen Aktivitäten. Gewaltige Kräfte entluden sich und große, blasenartige Magmenkammern, die in der Tiefe der Erde kochten, bahnten sich einen Weg in die oberen Regionen der Erdkruste. Gewaltige Eruptionsschübe schleuderten feurige Gesteinsmassen und glühende Lava durch drei schlotförmige Öffnungen des Erdmantels und warfen 5000 bis 6000 Meter hohe Vulkanmassive auf; es entstanden die Krater: Kibo, Mawenzi und Shira. Diese kesselartigen Krater prägen noch heute das Gesicht des afrikanischen Berggiganten, wobei die Schichtvulkane Shira und Mawenzi vor 500 000 Jahren erloschen, während der Kibo seine stärkste Eruptionsphase erlebte. Mächtige Lavaströme bedeckten fast vollständig den Shira-Krater, der weitgehend eingeebnet wurde. Infolgedessen entstand das Shira-Plateau, The Saddle (der Sattel), eine Hochebene von 4300 Metern, die einer mondähnlichen Steinwüste gleicht. Sie besteht aus geborstenen Felsblöcken, erstarrten Lavaformationen und vulkanischen Aschen. Auch der Vulkankegel des Mawenzi wurde im Laufe der Zeit mehr und mehr abgetragen, sodass nur noch der zerklüftete Lavaschlot erkennbar ist. Erhalten blieb ausschließlich der mehr als zwei Kilometer breite und rund 200 Meter tiefe Kibo-Krater, in dessen Zentrum sich ein 150 Meter hoher Eruptionskegel mit dem 100 Meter tiefen Kraterloch Ash Pitt befindet.

Noch heute ist der Kilimandscharo nicht erloschen und wird als aktiver Vulkan eingestuft. Gelegentlich kommt es zu Erdbeben sowie stetigen Ausstößen von Fumarolen. Diese schwefelhaltigen Gase, die aus dem Erdinneren empordrängen, sind Beweis dafür, dass sich im Untergrund des Kibo-Kraters noch immer heiße Magma befindet. Sollte ein neuerlicher Ausbruch zu erwarten sein, müsste die Bevölkerung in einem Umkreis von 200 Kilometern evakuiert werden. Die bedrohten Gebiete erstrecken sich über Tansania, Kenia, Uganda, Ruanda und Burundi. Doch bislang wurden keine Eruptionen registriert.

★

Seit Anbeginn aufgezeichneter Geschichte verbindet der Kilimandscharo das Natürliche mit dem Wunderbaren. Im Angesicht dieses majestätischen Berges verschmilzt die Wirklichkeit mit dem Übernatürlichen, begegnen sich Wahrheit und Aberglaube. Folglich ist es leicht zu verstehen, weshalb die Massai und andere Naturvölker Ostafrikas diesen Berg seit frühester Zeit als Heiligtum ansahen. Er verfügt nicht nur über eine perfekte Form und eine geheimnisvolle Ausstrahlung. Es war vor allem die glitzernde, bis in den Himmel hinaufreichende Schneehaube, die viele Afrikaner in spirituelle Höhen erhoben. Besonders den Massai erschien die Gipfelregion des Kilimandscharo als direkter Zugang zum Heiligsten eines allmächtigen Gottes, der über Erde, Luft und Wasser herrscht.

Viele Generationen ist es her, seit das Nomadenvolk der Massai mit ihren Herden auf der Suche nach neuen Weideflächen und Wasserlöchern in die Region rund um den Kilimandscharo zog. Ihre hellhäutigen Vorfahren, die einst in Ägypten lebten, was Mumienfunde in uralten Grabstätten beweisen, vermischten sich auf dem Weg nach Süden mit den schwarzen Völkern am oberen Nil, ehe sie weite Teile des ostafrikanischen Grabens für sich beanspruchten. Seit jenen Tagen verehren die Massai den Kilimandscharo, den sie *Ol Doinyo oibor* nennen, was *Weißer Berg* bedeutet. Dieser freistehende Schneedom, der geradezu einem überirdischen Wesen gleicht, galt den Massai nicht nur als Symbol der Vollkommenheit, sondern wurde zum heiligen Wohnsitz ihres Gottes Engai (auch Enkai oder Ngai), der nach dem Glauben der Nomaden die Menschen, die Herden und die fruchtbaren Savannen schuf.

Einer Legende zufolge sollen Krieger der Massai, obgleich sie den Dämon *Nyaro* fürchteten, der die eisige Kälte bringt, die hohen Bergflanken des Kilimandscharo hinaufgestiegen sein, um jene weiße Masse, die in der Sonne wie Silber glitzerte, ins Tal herunterzutragen. Nach beschwerlichem Aufstieg schaufelten die Krieger die weiße Substanz, die ihnen wie ein seltsamer Schatz erschien, in Beutel und Säcke. Beim Abstieg in wärmere Klimazonen zerrann der gefrorene Schnee, was die Massai in Schrecken versetzte.

Noch im 20. Jahrhundert, wenn der Regen über Ostafrika

längere Zeit ausblieb, erstiegen die Massai gelegentlich die Berghänge des Kilimandscharo, um ihrem Schöpfer eine Opfergabe darzubringen – meist eine Ziege, die in der Fels- und Lavawildnis des heiligen Berges freigelassen wurde.

Erstmals schriftlich erwähnt wurde der Kilimandscharo von dem spanischen Geografen, Kartografen und Navigator Martín Fernández de Enciso zu Beginn des 16. Jahrhunderts. 1848 war es dann der deutsche Missionar Johannes Rebmann, der von Mombasa an der Küste Kenias aufbrach, um jenen sagenumwobenen Berg zu suchen. Karawanenhändler erzählten, dass sein Gipfel von einer silbern schimmernden Wolke umgeben sei.

Als sich Rebmann mit Schirm und Bibel auf den Weg durch die Wildnis Ostafrikas machte, warnten ihn Einheimische, dass jeder, der an diesem Berg aufgestiegen war, Schreckliches erlebt hatte: Der Geist verwirrt sich, Kältegeister lassen Hände und Füße erstarren – und viele Menschen sind vom Aufstieg nicht mehr zurückgekehrt. Trotz all dieser Warnungen ließ sich der fromme Bruder von seinem Vorhaben nicht abbringen. Ob er den Kilimandscharo seinerzeit tatsächlich bestieg, ist nicht überliefert. Sicher aber ist, dass er Afrikas höchsten Berg am 11. Mai 1848 erblickte. Ihm war damals »ebenso klar als gewiss«, notierte er in seinem Tagebuch, »dass das Weiße auf dem Gipfel, das mein Führer schlechtweg *beredi*, Kälte nannte, nichts anderes sein könnte als Schnee.«

Nach seiner Rückkehr wurde Johannes Rebmann von vielen europäischen Wissenschaftlern belacht und verspottet, seine Entdeckung als Hirngespinst abgetan. Schnee am Äquator, in der heißesten Zone Afrikas, das war doch unmöglich. Von der Geografischen Gesellschaft in Paris erhielt er für seine Erkundungen gleichwohl eine Ehrenmedaille.

Erst der Leipziger Geograf und Biologieprofessor Hans Meyer sowie der österreichische Alpinist Ludwig Purtscheller widerlegten Europas Stubengelehrte, als es ihnen am 6. Oktober 1889 nach mehreren vergeblichen Anläufen gelang, den Gipfel des Kilimandscharo als Erste zu besteigen.

»Ich pflanzte auf dem verwitterten Lavagipfel mit dreimaligem, von Herrn Purtscheller kräftig sekundiertem Hurra eine kleine, im Rucksack mitgetragene deutsche Fahne auf und rief frohlockend: Mit dem Recht des Erstbesteigers taufe ich diese bisher unbekannte, namenlose Spitze des Kibo, den höchsten Punkt afrikanischer und deutscher Erde, Kaiser-Wilhelm-Spitze.« Meyers Namensgebung veranschaulicht ein Stück britisch-deutsche Kolonialgeschichte. Denn Königin Victoria von England war es einst, die, in einem Anflug von Großmutter-Großmut, ihrem Enkel, dem späteren Kaiser Wilhelm II., Afrikas höchsten Berg einfach »geschenkt« hatte.

Fast drei Jahrzehnte galt der Kilimandscharo im ehemaligen Deutsch-Ostafrika als *höchster deutscher Berg*. Erst 1918 erhielt dieses Prädikat wieder die 3000 Meter niedrigere Zugspitze in Bayern. Und das war gut so, denn Hans Meyers Bericht über das Volk der Dschagga, die die Hänge des Kilimandscharo bewohnten, war in keiner Weise von Respekt geprägt: »An sich sind am Kilimandscharo Arbeitskräfte in den eingeborenen Wadschagga genug vorhanden«, schrieb er, »aber diese teilen mit den meisten ostafrikanischen Negern die starke Abneigung gegen alle regelmäßige monatelange Arbeit. Ordentlich gearbeitet haben die Kilimandscharo-Bewohner nur unter ihren despotischen Fürsten. Beschränkung der Freizügigkeit, die die Neger schon von ihren Häuptlingen her gewohnt sind, und strenge Bestrafung des Kontraktbruches müssen Hand in Hand gehen. Neben die bisherige weitgehende Fürsorge für den Neger wird am Kilimandscharo eine nicht minder große Förderung des Weißen und vor allem des deutschen Ansiedlers treten müssen.«

Noch heute leben etwa 800 000 Dschaggas, auch Waschaggas genannt, rund um den Kilimandscharo. Seit Generationen halten sie Rinder und nutzen die Berghänge zum Anbau von Früchten und Gemüse. Die hervorragenden klimatischen Verhältnisse sowie ein ausgeklügeltes Kanalsystem zur Bewässerung der Baum- und Pflanzenkulturen sicherte ihnen, besonders durch den Verkauf von Bananen und Kaffee, eine jahrelange Lebensgrundlage.

In früheren Zeiten wären die Dschaggas niemals auf den Gedanken gekommen, die Grenze der Urwaldwildnis am Kilimandscharo zu überschreiten. Zu groß war ihre Furcht vor den Berggöttern. Und sie wussten von den Gefahren, wussten von Kälte, Nebel, Sturm und der tückischen Höhenkrankheit, weshalb sie den Berg in ihrer Sprache *Kilima ngioro* nannten, was dem Vernehmen nach so viel wie *Reise ohne Ende* bedeutet.

Doch seit Tausende von Bergtouristen aus aller Herren Länder nach Tansania kommen, um auf sieben unterschiedlichen Routen den Kilimandscharo zu besteigen, arbeiten viele Dschaggas als Träger oder Tour-Guides. Der Tourismus rund um Afrikas Riesenvulkan boomt. Große internationale Reiseunternehmen bestimmen Markt und Preis, weil kein Trekkingtourist ohne Guide und Träger auf den Kilimandscharo darf, so will es die Nationalparkbehörde.

Hunderte Männer aus den umliegenden Dörfern, die nach Arbeit suchen, stehen fast täglich an den Toren zum Nationalpark. Von Tourenanbietern werden sie als Träger angeheuert, um das Gepäck der Touristen auf den Berg zu schleppen.

Nördlich des Ol Doinyo Lengai erstreckt sich der Natronsee.
Je nach Tageszeit präsentiert sich das von Soda und Algen
gefärbte Wasser in vielen Schattierungen.

Am Natronsee leben Millionen von Zwergflamingos.

Carsten Westphal dokumentiert unsere Reise mit Aquarellbildern.

In der Olduvai-Schlucht stand eine der »Wiegen der Menschheit«.

Der Kilimandscharo ist der höchste freistehende Berg der Erde (Bild oben).

Der immergrüne Bergurwald bietet eine faszinierende Vegetationsdichte (Bild unten).

Im Kilimandscharo-Urwald leben Colobus-Affen, blühen fremdartige Pflanzen, steigen unsere Träger bergauf, wandern wir zwischen Riesensenecien und gönnen uns eine Pause.

Je höher wir zum Kibo-Gipfel aufsteigen,
desto grandioser sind die Eindrücke (Bild oben).

Unser Zeltlager am Fuße des Kilimandscharo:
Die Abendsonne färbt das Bergpanorama (Bild unten).

Über den Wolken berührt das farbige Abendlicht die Felshänge des Kilimandscharo (Bild oben).

Nach dem Erlöschen des Tageslichts schlafen wir unter dem Sternenhimmel im Zelt (Bild unten).

Im Licht der aufgehenden Sonne bewegen wir uns auf einer Höhe von 5500 Metern langsam voran. Um das Gesicht haben wir Tücher gewickelt, die uns vor dem eisigen Wind schützen.

Am Kilimandscharo-Krater erheben sich die mächtigen Eiswände des Kibo-Gletschers. Gipfelglück: Mein Sohn Aaron und ich haben den Gilman's Point (5685 Meter) erreicht.

20 oder 30 Kilo pro Träger, manchmal mehr. Manche Träger verschwinden regelrecht unter ihrem Gepäckberg. Nicht jeder ist imstande, die schweren Lasten auf Kopf und Rücken zu tragen. Zudem sind viele Einheimische nicht richtig ausgerüstet, tragen zerschlissene Kleidung, Turnschuhe oder Sandalen, die aus dem Gummi alter Autoreifen geschnitten sind. Dennoch nehmen sie Erschöpfung, Schwindelanfälle und Schmerzen in der Brust in Kauf, gehen häufig ans körperliche Limit und riskieren Gesundheit und Leben, wenn sie bis auf eine Höhe von fast 6000 Metern steigen, nach sechs oder sieben Tagen durch Dschungel, Steinwüste und Eis. Bei Hitze, Kälte, Regen, Nebel und Sturm.

Es gibt Träger, die zwei- oder dreimal im Monat zu einer Besteigung des Kilimandscharo aufbrechen. Körperlich ist das eine Strapaze. Eine Plackerei, die alles andere als romantisch ist. Doch kaum ein Träger klagt oder jammert. Schweigend oder singend marschieren sie mit ihren sehnigen und zähen Körpern über Stock und Stein, um ein bisschen Geld zu verdienen, von dem sie ihre Familien ernähren. 40 oder 50 Dollar bekommen sie für eine sechs- oder siebentägige Bergtour. Wenn es gut läuft, erhalten sie noch etwas Trinkgeld und einige Kleidungsstücke oder Stiefel von den Touristen, die ihnen die Sachen nach einer Tour überlassen.

Was die Träger mit den Bergtouristen verbindet, das sind die Anstrengungen und die Auswirkungen der Höhe. Kaum ein Berg wird so unterschätzt wie der Kilimandscharo. Viele Freizeitwanderer, die den Kibo von der Savanne aus betrachten, verfallen leicht dem Irrtum, die Besteigung sei nicht mehr als ein schweißtreibender Spaziergang. Diese Fehleinschätzung führt häufig dazu, dass Trekkingtouristen den Gipfel nicht erreichen, sie müssen aufgeben und umkehren, obgleich Afrikas höchster Berg technisch als unproblematisch gilt, weil weder Seile, Steigeisen noch Pickel erforderlich sind.

Es sind die extremen Klimazonen und die unterschätzte Höhe, die den Aufstieg erschweren und oft unmöglich machen. Zwischen 4000 und 6000 Metern Höhe wird die Luft knapp und der Sauerstoffmangel wirkt sich auf den Organismus aus. Wem die erforderliche Fitness fehlt, bekommt Probleme. Zudem müssen Herz und Kreislauf in Ordnung sein. Lebenswichtig ist die Akklimatisierung, die Taktik beim Aufstieg: langsam gehen, Pausen einlegen, viel trinken, gut schlafen.

Wer zu schnell bergan steigt, die eigenen Kräfte überschätzt, wird die Symptome der Höhenkrankheit zu spüren bekommen: Leistungsabfall, Appetitlosigkeit, Kopfschmerzen, Schwindel, Müdigkeit, Atemnot, Übelkeit, Brechreiz. Sofortige Umkehr ist immer dann geraten, wenn sich starke Hustenanfälle häufen, die Lippen sich blau färben und rasselnde Geräusche in der Brust zu hören sind. Wer diese Symptome ignoriert, riskiert ein Lungenödem, das tödlich verlaufen kann.

Mehr als 40 Prozent der Bergtouristen schaffen es nicht bis zum Gipfel. Auch die wachsende Zahl der Toten zeigt, dass das Risiko am Kilimandscharo sehr viel höher ist als bei anderen Extremtouren. In manchen Jahren waren es bis zu zehn Freizeitwanderer, die auf dem Weg zum schneebedeckten Vulkankrater starben. Zudem sollen acht bis zwölf Träger pro Jahr vom Aufstieg zum Dach Afrikas nicht mehr zu ihren Familien zurückkehren. Genaue Statistiken werden von den Behörden in Tansania verschwiegen.

Wo Pflanzen zu Giganten werden

Sechs Uhr früh. Das aufziehende Tageslicht vertreibt die Nacht. Schläfrig ziehen wir Pullover, Daunenjacken und Hosen über, dann schlüpfen wir in die Stiefel. Beim Frühstück verbreitet Charles gute Laune. Auch größte Schwierigkeiten am Berg erscheinen uns als meisterbar. Rotgelbe Lichtstreifen fächern über den Himmel, als unsere Träger das Lager abbauen, das Ausrüstungsequipment in Ruck- und Packsäcken verstauen und die Lasten auf ihre Köpfe oder Rücken wuchten. Mit federnder, beinahe katzenhafter Eleganz gehen sie voraus.

Wenig später schultern auch wir – Rainer, Aaron, Charles, Steve und ich – unsere Rücksäcke und machen uns auf den Weg. Im gleichmäßigen Schritttempo bewegen wir uns voran, während die Sonne in den Regenwald eindringt und fächerartige Schatten vor sich hertreibt. Unablässig steigt das Gelände an, fällt wieder ab, um erneut anzusteigen. Ein stetiges Auf und Ab. Ich fühle den unebenen, zerborstenen Erdboden unter meinen Stiefeln und setze jeden Schritt äußerst konzentriert. Meine Schritte verursachen auf dem feuchtschweren Weg keinerlei Geräusche, bis auf das gelegentliche Knacken eines Zweigs. Die Beine geben den Takt vor, wobei ich mich wie ein Seismograf fühle, der rundum alles registriert und aufnimmt. Jeder Schritt ist Körperbewegung, Erdberührung, Seelenbalsam. Diese wunderbare Kausalitätskette, die ich seit Jahren auf zahllosen Wegen und Wanderungen empfunden habe, vermittelt mir die Nähe zur Natur. Es ist ein Gefühl des Ganznaheseins, das mich durchzieht, während wir den Regenwald verlassen und sich der Raum vor uns öffnet.

Wir erreichen die subalpine Klimazone, die auch Alpinsavanne genannt wird: eine lichte Heide- und Hochmoorlandschaft, die mit Moosteppichen bedeckt ist. Wir kommen ins Reich der Mammutpflanzen, die zu den wunderlichsten Gewächsen unserer Erde zählen. Zwischen kniehohen Gräsern und ausgedehnten Heidekrautflächen erheben sich windschiefe Erikasträucher mit salbeigrünem Flechtenlametta, kegelförmige Zuckerbüsche, übermannshohe Johanniskräuter mit gelbroten Blüten, kerzenförmige Lobelien mit weit geöffneten Blattrosetten und bizarre Riesen-Senecien, ein kaktusähnlicher Kreuzkrautstrauch, auf dessen palmenähnlichem Stamm ein überdimensionaler Kohlkopf thront. Mittendrin wunderschöne Farbtupfer: Fackellilien, Gladiolen und Enziankelche. Der gigantische Pflanzenwuchs hat hier seine Gründe: Heftige Niederschläge waschen wertvolle Mineralien aus dem Gestein und düngen somit die Pflanzen. Zudem sind es die starke UV-Strahlung sowie der Wind, der düngende Asche von den Vulkanhängen herunterweht. Alles zusammen führt zu faszinierenden Pflanzenmutationen und einer üppigen Vegetationsdichte, sodass ein Vorankommen jenseits des von wuchernden Gewächsen eingeengten Pfades unmöglich ist.

Die Schönheit der Landschaft, die dieser Region etwas Urzeitliches verleiht, macht es uns leicht, das Bedrohliche des Kilimandscharo auszublenden, der riesig und einschüchternd vor uns aufragt. Aber da ist noch etwas anderes, das ich beim Anblick dieses Berges spüre: Dieses Gebirgsmassiv ist weit mehr als eine ungeheure Masse aus Gestein, Fels, Lava, Schnee und Eis. Ich kann erahnen, was dieser Berg dem Volk der Massai seit Jahrhunderten bedeutet: »Es gab eine Zeit«, so ist es überliefert, »da waren Himmel und Erde eins, und Ngài, der Schöpfer, lebte unter den Menschen. Doch dann trennten sie sich. Und Ngài zog sich zurück in sein Reich, hoch über dem Schnee des Kilimandscharo. Und von dort verfügte er, dass alle Rinder auf Erden den Massai gehören sollen.« Noch heute erzählen die Massai diese Geschichte von der heiligen Heimstätte eines Gottes.

Gleichwohl ist der Kilimandscharo nicht heiliger als irgendein anderer Ort unserer Erde. Die Massai und andere Naturvölker Afrikas haben ihn zu dem gemacht, was er ist: ein Heiligtum, ein Ort der Ehrerbietung, Sitz ihres Schöpfers. Denn das, was der Mensch jenseits seiner eigenen Begrenztheit erahnt, überträgt er auf Dinge, die größer sind als er selbst. Letztlich ist es immer der Glaube, der jenseits aller Realität liegt, und den die Massai in vollem Maße auf den Kilimandscharo projizierten. So wurde Afrikas Riesenvulkan zum Symbol der Göttlichkeit. Ein Berg, der seit frühester Zeit die natürliche Vollkommenheit darstellte, der einen geheimen Pakt zwischen der Natur und dem Menschen bildete, der einen Weg ermöglichte, um dem Unerklärlichen nahezukommen.

Derartige Empfindungen, die für naturverbundene Menschen oft die Basis ihrer Identität sind, werden vom dauerbelasteten Zivilisationsmenschen, der sich ein Leben in der Natur nur noch schwer vorstellen kann, kaum ernstgenommen. Doch der Glaube eines Menschen ist viel wahrhaftiger als alle Wissenschaft.

Vor diesem Hintergrund erscheinen uns die Motive vieler Touristen, die uns auf dem Weg zum Kilimandscharo begegnen, fragwürdig. Wenn Aaron und ich in den vergangenen

Tagen mit Bergwanderern aus Amerika, Neuseeland, Japan oder China sprachen, hörten wir fast immer die gleichen Antworten: »Ich steige auf den Kilimandscharo, weil der Berg da ist; weil ich mal aus dem Alltag ausbrechen möchte; weil ich ein abenteuerliches Erlebnis suche; weil ich meine Leistungsgrenzen erfahren will; weil ich über mich hinauswachsen will.« Vor allem darum geht es vielen Menschen beim Aufstieg am Kilimandscharo. Und deutlich wird auch die Lust am Thrill. Scheinbar ist es der überschaubare Nervenkitzel, der die Menschen in eine Höhe von fast 6000 Metern lockt. Es ist das abenteuerliche »Aussteigen auf Zeit«, ohne große Vorbereitung und Planung, denn das übernehmen die Reise- und Trekkingveranstalter, um im Erlebniszeitalter des 21. Jahrhunderts die ausgefallenen Wünsche ihrer Kunden zu erfüllen.

Genau hier kommt der Kilimandscharo ins Spiel, denn er bietet eine Marktnische zwischen Urlaub und Abenteuer. Doch das Wesen eines heiligen Berges, dessen Gipfelzone für traditionelle Völker in spirituelle Tiefen führt, lässt sich nicht ergründen, wenn man ihn *nur* erklimmt, »weil er da ist«. Der Geist eines Berges sowie die Verehrung eines Volkes lassen sich nicht in vier oder fünf Tagen erfassen, in denen man den Gipfel besteigt, um anschließend sehr viel mehr Zeit am Strand von Sansibar zu verbringen. Wer ohne Zeit und ohne Respekt zum Kilimandscharo kommt, der wird seine Magie nicht erfassen. Und wer nur im Äußerlichen sucht, wird keinen Zugang zum Inneren finden. Eine andere Wirklichkeit, der man nur durch Erahnen begegnen kann, erschließt sich nicht durch oberflächliche Logik. Ehrfurcht, Demut und Zeit sind nötig, um der Heiligkeit eines Berges sowie der schicksalhaften Verbindung zwischen dem schneebedeckten Kilimandscharo und den Massai auf die Spur zu kommen.

Angesichts meiner Erfahrungen, die ich im Laufe der Jahre bei den unterschiedlichsten Nomadenvölkern in der Welt machen konnte, habe ich den Eindruck, dass das zunehmende Vordringen der Tourismusströme nicht nur die Lebensbasis naturverbundener Menschen zerstört, sondern auch die Erhaltung ihrer traditionellen Eigenarten. Dabei könnten das Wissen und das Empfinden bodenständiger Völker unsere geistige und seelische Verarmung positiv beeinflussen. Denn während unsere materialistische Zivilisationswelt Gott zu etwas gemacht hat, worauf viele moderne Gegenwartsmenschen mittlerweile verzichten, gilt manchen Naturvölkern, die viel spiritueller empfinden als wir, ihr Gott als Lebensnotwendigkeit. Er sorgt für die Natur, die Luft und die Nahrung. Seit Jahrhunderten trägt ihr Leben *in* und *mit* der Natur zur Bewahrung ursprünglicher Lebensräume bei.

Solche Gedanken sind es, die mich auf meinem Weg am Kilimandscharo begleiten. Es sind Gedanken, die ich mit meinem Sohn teile, und die in mir Scham auslösen. Ja, ich schäme mich, weil ich zum heiligen Gipfel des Kilimandscharo unterwegs bin, den ich eigentlich nie besteigen wollte. Gewissensbisse begleiten mich beim stetigen Voranschreiten, weil ich nicht vergessen habe, dass ich vor fast 40 Jahren bei den Massai gelernt habe, im Kilimandscharo mehr zu sehen als einen schneebedeckten Berg. Ich weiß von seiner Göttlichkeit – und dennoch bin ich hier. Zwar suchen mein Sohn und ich an diesem Riesenvulkan weder den inszenierten Nervenkitzel noch müssen wir *uns* oder *anderen* etwas beweisen. Auch sind wir nicht hier, weil der Berg einfach nur *da* ist. Im Gegenteil. Die Besteigung des Gipfels bedeutet mir nichts. Ich muss da nicht hinauf. Ich bin mit meinem Sohn nur hier, um meinem Vater noch einmal nahe zu sein, um seine Sehnsucht nachzuvollziehen.

Doch ist das wirklich Grund genug, um auf einen heiligen Berg zu steigen? Ist es gegenüber den Massai nicht respektlos? Reicht es nicht aus, diesen Berg zu umwandern oder zu seinem Gipfel hinaufzublicken?

Auch Aaron macht sich seit Tagen zu dieser Thematik Gedanken. Wenn ich mit ihm über die Heiligkeit des Kilimandscharo spreche, spüre ich deutlich, dass ich in ihm einen wunden Punkt berühre. Und dennoch gehen wir weiter, weil wir als Vater und Sohn all das erfahren und erleben wollen, was mir an diesem Berg mit *meinem* Vater nicht möglich war.

Im Reich der Kälte und der Steine

Sechs Uhr morgens. Eine kleine Schüssel mit warmem Wasser dient uns zur Katzenwäsche. Die Nacht war eisig kalt, ein strenger Wind blies durch das Lager. Wir freuen uns, als die Sonne zwischen grauen Wolkenbänken mit spärlichen Strahlen am Himmel erscheint. Der wärmende Lichteinfall hebt unsere Stimmung beim Frühstück; es gibt Toast, Rührei, gebratenen Speck, Käse, Marmelade, Porridge und heißen Tee oder Kakao.

Anschließend sitzen wir im Zelt und besprechen die weitere Route. Auf einem Klapptisch hat Charles eine zerknitterte Landkarte der Kilimandscharo-Region ausgebreitet. Wir sehen Breiten-, Längen- und Höhengrade, während Charles' Hand über Pfade, Bergrücken, Täler, Gipfel und Lagerplätze streift. Ihre afrikanischen Namen erinnern an Sagen und Legenden rund um Afrikas Riesenvulkan, die sich die Menschen vor Ort immer noch erzählen. Einmal mehr begreifen wir, dass wir uns am Kilimandscharo gleichermaßen im Reich der Fabel wie in dem der Tatsachen bewegen.

»Entlang der Lemosho-Route gehen wir von Westen nach Norden. Auf einer durchschnittlichen Höhe von 4000 Metern wandern wir dann auf dem Northern-Circuit-Rundweg um die Nordseite des Kibo-Massivs, ehe wir zum Vulkankrater aufsteigen«, sagt Charles, wobei seine Finger über grüne, blaue, braune und graue Flächen irren: Urwald, Flussläufe, Steinwüste, Eiszone.

»Das ist kein Weg für Anfänger«, ergänzt Steve mit einem Grinsen. »Auf einsamen Pfaden müssen wir viele anspruchsvolle Kletterpassagen nehmen.«

»Aber wir werden fantastische Landschaften sehen und haben viel Zeit zum Akklimatisieren«, fügt Charles hinzu.

Wir nicken zustimmend, vertrauen unseren Bergführern ohne Wenn und Aber.

Bereits vor einigen Wochen haben wir Charles in Arusha kennengelernt. Wir waren uns sofort sympathisch. Er ist ein etwa 40-jähriger, kleingewachsener, sehr stämmiger und breitschultriger Mann, der mit seiner Frau und zwei Kindern unweit von Arusha lebt. Sein Gesicht mit ausgeprägten Backenknochen und einer hohen, breiten Stirn, hat freundliche Züge. Immer ist er zu einem Spaß aufgelegt. Sein Lächeln, das er gerne zur Schau stellt, hat seine Mundpartie geprägt. Er beherrscht die ganze Klaviatur der Lebensfreude, wenn man ihn vom frühen Morgen bis zum späten Abend erlebt. Und diese unbeschwerte Fröhlichkeit wirkt ansteckend.

Charles ist erfüllt von seinem Tun, strahlt Vitalität und Optimismus aus. Selbst beim mühsamen Aufstieg am Berg stimmt er immer wieder ein Lied an, singt auf Englisch oder Suaheli, womit er nicht nur für gute Stimmung sorgt, sondern auch Entschlossenheit zeigt. Viele Male ist er bereits zum Gipfel aufgestiegen. Er kennt die Routen am Kilimandscharo in- und auswendig. Und alles, was er uns über die Pflanzenwelt und die erdgeschichtliche Vergangenheit in Ostafrika erzählt, ist durchdrungen von seinen eigenen Erfahrungen am Berg und dem engen Kontakt mit der Natur.

Wir staunen über Charles' umfassende Kenntnisse, wenn er

uns scheinbar belanglose Merkmale in der Landschaft wie auch die auffälligen Besonderheiten zeigt. Leidenschaftlich und sachkundig vermittelt er uns sein Wissen. Nicht eine Sekunde lang kommen wir auf den Gedanken, ihm nicht zuzuhören. Denn wer wie er, seit über 20 Jahren den Kilimandscharo hautnah erlebt hat, der ihm sein Auskommen sicherte, kennt nicht nur den Berg, sondern ist auch mit seinen Gefahren vertraut. Immer wieder schärft er uns ein, langsam voranzugehen, damit sich der Körper an die unterschiedlichen Höhenzonen gewöhnen kann; er weiß, dass Jahr für Jahr Menschen beim Aufstieg sterben, weil sie die Höhenkrankheit unterschätzen. Und zu jeder Jahreszeit hat er überraschende Wetterumschwünge am eigenen Leib zu spüren bekommen und ist darauf vorbereitet, dass es selbst im Sommer zu einem Kälteeinbruch kommen kann.

Bereits in jungen Jahren war Charles am Kilimandscharo als Träger tätig, hat auf Kopf und Schultern schwere Lasten geschleppt, ehe er selbstfinanzierte Fortbildungskurse besuchte, um als Bergführer zu arbeiten. So erklärt sich auch sein gutes Verhältnis zu den Trägern, die er mit Respekt behandelt und stetig bei guter Laune hält. Zudem verfügt er über den geduldigen und selbstbewussten Blick eines Afrikaners, dessen besondere Fähigkeit es ist, uns ein Gefühl der Sicherheit zu geben. Wenn er bei uns ist, so meint er, kann uns nichts passieren.

Steve, unser zweiter Guide, ist groß und schlank und sehr viel ruhiger. Er ist ein freundlicher, zäher Typ und ungemein trittsicher am Berg. Sein immer gleiches Tempo beim Aufstieg vermittelt uns den Eindruck, dass seine langen Beine niemals schlappmachen werden. Auch er scheint über eine unbegrenzte Ausdauer zu verfügen.

Die Herzenswärme und Hilfsbereitschaft, die von diesen beiden Menschen ausgeht, empfinden wir als ein großes Geschenk.

★

Als wir Shira 1 verlassen, das zweite Übernachtungscamp auf der Lemosho-Route, das sich auf dem Shira Plateau befindet, eine Hochebene mit immergrünem, lilafarbenem Heidekraut, dichten Philippia-Sträuchern und großen Erikagewächsen, hat sich die Himmelskuppel blau und friedlich gewölbt. Südwestlich, mehr als 60 Kilometer entfernt, schwimmt der Mount Meru (4565 Meter) in den Wolken. Vor uns erheben sich schroff und mächtig die westlichen Berghänge des Kibo-Massivs. Wir wandern direkt darauf zu, folgen einem schmalen Trail, der uns über grünsäumige Hügel erst talabwärts führt, ehe es auf felsigen Passagen stetig hinaufgeht.

Jenseits der Baumgrenze führt uns ein Aufstieg von mehr als 600 Höhenmetern durch eine karge, von Fels- und Lavabrocken übersäte Landschaft. Sie scheint versunken in ihrer eigenen Unnahbarkeit.

Immer weiter gehen wir voran und verlieren jedes Zeitgefühl. Wir richten uns nicht mehr nach der Uhrzeit, sondern nach dem Wetter und dem Sonnenstand. Zwei Tage, zwei Wochen? Was spielt das in dieser fernen Weltecke für eine Rolle. Hier, in dieser archaischen Bergregion, gibt es keine Ablenkung, mit der wir uns davonmachen könnten. Hier ist alles pure Natur, pures Erleben, pures Sein. Hier streift der Wind über die Haut und wird zum stetigen Begleiter. Hier rücken die Wolken auf greifbare Distanz heran und man sehnt sich danach, sich mit allem wenigstens einmal zu vereinigen.

Die weiten Täler und Berghänge scheinen in einem tiefen jahrtausendealten Schlaf zu liegen, während wir den unebenen Zickzackpfaden folgen, die den Rhythmus unseres Gehens vorgeben. Nicht nur die Schritte verlangsamen sich, wenn die Stille fühlbar tiefer wird und man Ehrfurcht gegenüber der geheimnisvollen Natur empfindet; auch das Fließen der Zeit wird deutlich langsamer. Einerseits kann ich mich in all die Dinge, die ich beim stetigen Gehen mit den Augen rundum wahrnehme, wunderbar einfühlen, spüre ein wohliges Zugehörigkeitsgefühl. Andererseits vermittelt mir die Entrücktheit der Landschaft immer wieder das Gefühl des Ausgesetztseins, obwohl ich in einer Gruppe unterwegs bin.

Am späten Nachmittag erreichen wir das abseits gelegene Moir Camp, das auf einer Höhe von 4140 Metern liegt. Zwei andere Trekkinggruppen haben an gleicher Stelle ihr Lager für die Nacht errichtet. Ansonsten ist es, als hätten wir den Kilimandscharo für uns ganz allein. Unsere Träger, die wieder vorausgewandert sind, haben die Zelte bereits aufgebaut und das Abendessen vorbereitet. Wir spüren jeden Muskel im Körper, als wir nach achtstündiger Wanderung die Rucksäcke ablegen. Viel Zeit haben wir uns heute beim Aufstieg genommen, um die grandiose Landschaft zu genießen und mit der Kamera festzuhalten.

Nach dem Essen setzen Aaron und ich uns etwas abseits vom Lager auf einen Felsen, wo ein steiniges Plateau freien Ausblick gewährt. Aaron nimmt den kleinen MP3-Player aus seiner Jackentasche, auf der die Tonbandkassette meines Vaters gespeichert ist. »Dies ist ein guter Platz, um Harrys Aufstieg weiterzuverfolgen«, sagt er und reicht mir einen der kleinen Kopfhörer, sodass wir beide die Stimme meines Vaters hören können:

»Während der Wanderung zur Horombo-Hütte, auf einer Höhe von etwa 3700 Metern, sahen wir herrlich blühende Riesen-Lobelien und Riesen-Senecien. Hier klagten einige der Touristen schon über Kopfweh, Übelkeit und Appetitlosigkeit. Uns vieren ging es dagegen sehr gut.

Der kommende Tag war der Akklimatisierung vorbehalten. Wir waren gut zu Wege und machten Streifzüge rund um die Horombo-Hütte. Goodluck, unser Bergführer, erzählte Geschichten und Legenden, die sich rund um den gewaltigen Berg ranken.

Am nächsten Morgen führte der Weg über eine eindrucksvolle Mondlandschaft. Es ging über den sogenannten Sattel, der zwischen dem Kibo und dem Mawenzi liegt, der zweithöchste Gipfel mit steilen Wänden wie in den Dolomiten. Gut 1000 Höhenmeter hatten wir bis zur 4750 Metern hoch gelegenen Kibo-Hütte zu bewältigen. Eine Stunde oberhalb der Horombo-Hütte passierten wir ›Last-Water‹. Ab hier wurde das Trinkwasser von den Trägern geschleppt.

Auf der Kibo-Hütte verspürten wir vier doch schon leichte Kopfschmerzen und Übelkeit. Appetit hatten wir auch keinen. Also legten wir uns schlafen. Doch der Schlaf wollte nicht kommen ...«

Als ich merke, dass Harrys Stimme meinen Sohn mehr berührt, als ich mir das je hätte vorstellen können, drücke ich auf die Stopptaste. Aaron hat feuchte Augen. Schweigend nehme ich ihn kurz in den Arm und lasse ihn dann mit den Erinnerungen an seinen Opa allein. Ich weiß, dass er jetzt für sich sein möchte, und mache einen Spaziergang rund um das Lager. Die Worte meines Vaters nehme ich im Kopf mit, sehe ihn vor meinem inneren Auge im Zelt liegen, schlaflos, vielleicht frierend und schwer atmend. Er spürte, dass die Luft ab 3800 Meter knapp wurde und der Sauerstoffmangel die körperliche Leistung beeinflusste. Damit hatte er zu kämpfen. Zudem schmerzten seine Füße und Beine. Er machte sich Sorgen, ob Kondition und Fitness für den weiteren Aufstieg ausreichen würden.

Am Abend sitze ich vor dem Zelt. Im Schein meiner Stirnlampe schreibe ich Tagebuch. Aus den Zelten höre ich Gerede und Gelächter der Träger. Der Himmel ist sternenklar. Die Dunkelheit der afrikanischen Nacht ist auch auf 4000 Metern voller Geheimnisse. Nicht nur in der tierreichen Savanne, auch hier am Kilimandscharo höre ich Laute, die ich nicht näher bestimmen kann. Die Zeit steht nicht still, sie ist einfach da – und ich genieße jeden Augenblick.

Tags darauf wandern wir durch ein Reich der Steine, das einer Wüstenlandschaft gleicht. Wir laufen über Sand, Geröll und Schutt, steigen steile Berghänge in langgezogenen Windungen hinauf, vorbei an surrealen Gesteinsklötzen, monströsen Felsplatten und bizarren Lavafragmenten, die sich in allen Formen und Größen zur Schau stellen. Tuffstein, Basalt und glänzender Obsidian offenbaren uns einen Garten der Urzeit. Diese Landschaft könnte die Kulisse eines Science-Fiction-Films abgeben; ein Spielplatz von Zyklopen, die riesige Felsblöcke aufeinandergetürmt haben. Nirgendwo entdecken wir Pflanzenwuchs. Nur hier und da ein paar Flechten und Moose. Vereinzelte Windböen treiben schwarzbraunen Sand in Wirbeln und Spiralen vor sich her, ehe sie abrupt in sich zusammenfallen. Das ist meine Landschaft! Ich liebe diese erdfarbenen Naturräume, die mir im stetigen Wechsel des Lichts wie das Antlitz eines fremden Sterns erscheinen. Es ist, als wären wir Lichtjahre von der Erde entfernt und würden über die zerborstene Oberfläche eines imaginären Planeten laufen. Im Rausch körpereigener Drogen genießen wir jeden Schritt, jeden Ausblick, den uns dieses fantastische Gelände bietet.

Überdies zieht uns auf dem Northern-Circuit-Rundweg nicht nur der Anblick der nördlichen Gletscher des Kibo in den Bann (man kann sie nur auf dieser Route sehen); es sind auch die rastlosen Wolken, die in einem makellosen Blau dahinsegeln und uns immer wieder faszinieren. Wir beobachten aufquellende Schäfchenwolken, blumenkohlförmige Haufenwolken und zerfledderte Federwölkchen, ehe wir so hoch gestiegen sind, dass wir über einem Meer aus Wolken stehen, aus denen leichter Dunst zu uns heraufkriecht. Die aufgetürmten Gebilde aus Luft und Wasser, die sich beständig verändern, erstrecken sich in eine grenzenlose Weite, durchdringen einander und umsäumen den Kilimandscharo wie einen überdimensionalen Watteteppich. Es ist, als würden wir inmitten eines endlosen Wolkenmeers auf einer steinernen Insel durch die Zeit treiben.

Am späten Nachmittag, als wir das Pofu Camp (4150 Meter) erreichen, umkreist uns ein Schwarm schwarzer Vögel. Es sind Geierraben, die weite Kreise um das Lager ziehen, das unsere Träger auf einem verworfenen Plateau zwischen hohen Felsblöcken aufgebaut haben. Wie geheimnisvolle Flugobjekte erscheinen uns die großen Rabenvögel. Die Luft ist erfüllt von den rauschenden und sirrenden Tönen ihrer Flügelschläge. Mit flatterndem Gefieder und tiefen, krächzenden Lauten landen sie im Sturzflug auf dem Boden, stolzieren mit ihren etwa acht Zentimeter langen Laufknochen weit ausschreitend zwischen den Zelten umher und suchen nach Essensresten.

Staunend beobachten wir die stämmigen Vögel, deren Körperlänge mehr als 50 Zentimeter beträgt. Ihre schwarz-braunen Federn schimmern violett, während das weiß gesäumte Nacken- und Brustgefieder einem hellen Kragen gleicht. Und dann ist da noch der kohleschwarze, kräftig-gebogene Schnabel, dessen helle Spitze an Elfenbein erinnert und mit dem wir keinesfalls Bekanntschaft machen möchten. Geflissentlich halten wir Abstand und erfahren von Charles, dass die Geierraben eher selten anzutreffen sind und ihr Bestand in Ostafrika immer weiter zurückgeht.

Vor Sonnenuntergang, wenn der Wind fast stillsteht und der samtblaue Himmel auf greifbare Distanz heranrückt, sitzen Aaron und ich auf einem Steinhaufen. Sein Gesicht wirkt abgespannt, die Lippen leicht aufgesprungen. Trotzdem merkt man ihm die Freude am Bergsteigen an, die seine Gedankenwelt beherrscht. Er spricht davon, dass er beim Aufstieg hin und wieder völlig im Einklang mit seinem Körper und der grandiosen Landschaft ist. »Das ist ein tolles Gefühl, so intensiv und unbeschwert«, meint er. »Wenn man all das hier nicht selbst gesehen hat, kann man es nicht glauben«, fügt er hinzu.

Meine Gedanken wandern in dieselbe Richtung, während wir in die Weite schauen. Tief unter uns liegt die kenianische Ebene. Und das, was sich da vor unseren Augen ausdehnt, hat schon seit Jahrtausenden existiert, lange bevor die Vorfahren des heutigen Menschen durch den afrikanischen Grabenbruch zogen. Bis zum Horizont erstrecken sich Savannenland und bewaldete Grünflächen. Eine atemberaubende Aussicht, die wir in uns aufsaugen, bis die Dunkelheit hereinbricht.

Tiefpunkt am Northern Circuit

Mitten in der Nacht spüre ich einen heftigen Druck auf meiner Blase. Wer am Berg viel trinkt, ein probates Mittel gegen die Höhenkrankheit, muss in der Nacht häufig raus. Das kostet Überwindung, denn draußen ist es kalt und der Wind weht eisig. Meine Stirnlampe beleuchtet nur einen kleinen Kreis vor mir, als ich aus dem Zelt in die Dunkelheit trete und ein paar Schritte mache. Plötzlich stoße ich mit dem linken Fuß gegen einen Felsklotz. Ich zucke zusammen, knicke um und verliere das Gleichgewicht. Noch bevor ich auf den harten Boden stürze, spüre ich im linken Fußgelenk einen brennenden Schmerz, dazu ein Stich in der Wade.

Ich bleibe einige Momente flach auf dem Rücken liegen und atme tief durch. Dann richte ich mich auf und finde an einer überhängenden Felskante Halt. Ich setze mich auf einen kalten Gesteinsblock und greife an mein Fußgelenk. Es ist nicht gebrochen, wahrscheinlich verstaucht. Doch als ich versuche aufzutreten, zuckt ein heftiger Schmerz durch das Bein.

Mein erster Impuls: Damit kann ich am Berg unmöglich weitergehen! Und nun? Ich zwinge mich dazu, Ruhe zu bewahren, sage mir: Vielleicht ist es ja gar nicht so schlimm. Dann stehe ich erneut auf. Vorsichtig belaste ich das linke Bein und versuche, einen Schritt zu machen. Sofort protestiert der Fuß unter meinem Gewicht. Ich spüre einen heftigen Schmerz. »Scheiße, Scheiße!« Niedergeschlagen setze ich mich und kann nicht fassen, was passiert ist. Warum habe ich in der Dunkelheit nicht besser aufgepasst? Ich hadere mit mir und dem Berg. Der erste Riss im Optimismus.

Schwerfällig raffe ich mich schließlich auf, schlurfe humpelnd ins Zelt, hocke mich auf den Schlafsack und ziehe Stiefel und Socken aus. Das linke Fußgelenk ist geschwollen und in der Wade spüre ich eine Verkrampfung. Leise, um Aaron nicht zu wecken, greife ich zum Rucksack und nehme aus der Notapotheke eine Schmerzsalbe heraus, mit der ich die Wade massiere. Dann tauche ich eine Elastikbinde in einen Topf mit kaltem Wasser, lege einen kühlenden Verband um das Fußgelenk und nehme zwei Schmerztabletten. Als ich endlich in meinen Schlafsack krieche und versuche, eine bequeme Position zu finden, zerbreche ich mir den Kopf, was ich noch tun kann, um für den kommenden Morgen wieder fit zu werden. Doch je mehr ich über die unmittelbare Zukunft nachdenke, desto mehr Verzweiflung spüre ich. Also spreche ich mir gut zu, sage immer wieder einen Satz, der mir seit Jahren ein hilfreicher Begleiter ist: Das wird schon! Das wird schon! Das wird schon! Doch ich weiß: Das wird nicht! Enttäuschung und Wut geben sich die Hand, wenngleich mir das Dach Afrikas nach wie vor nichts bedeutet.

Es ist schon seltsam: Einerseits wollte ich den heiligen Berg der Massai niemals besteigen, andererseits würde ich den Kraterrand des Kilimandscharo nun doch gern mit meinem Sohn erreichen, um mit ihm dort zu stehen, wo mein Vater seinerzeit so glücklich war.

Schon damals, als ich meinem Vater eine gemeinsame Reise zum Kilimandscharo vorschlug, handelte ich gegen meine innere Überzeugung. Damals wie heute ist es kein rationaler Entschluss, sondern eine Herzensangelegenheit. Und dennoch tue ich mich so schwer mit meiner Entscheidung; es fällt mir nicht leicht, gegen meine Grundüberzeugung zu handeln. Auch wenn ich mir sicher bin, dass es meinen Vater freuen würde, wenn er wüsste, dass Aaron und ich, mit seiner Tonbandkassette im Gepäck, auf dem Weg zum Gipfel des Kilimandscharo sind.

★

Bis zum frühen Morgen finde ich kaum Schlaf. Ich bin zu aufgedreht, um zur Ruhe zu kommen. Immer wieder kreist ein pessimistisches Gedankenkarussell in meinem Kopf. Ich verstricke mich in einem trübsinnigen Gedankensumpf, in dem mir die kommenden Tage ungewiss und vage erscheinen.

Um sechs Uhr früh, beim ersten Licht, höre ich Geräusche und Stimmen unserer Träger, die die morgendliche Stille in unserem Camp durchbrechen. Als auch Aaron wach wird, erzähle ich ihm von meinem nächtlichen Missgeschick.

»Ich glaube nicht, dass ich weiter bergauf steigen kann.«

Er sieht mich mit sorgenvoller Miene an, sagt aber: »Lass den Kopf nicht gleich hängen, Papa. Irgendwie bekommen wir das schon hin. Ich spreche erst einmal mit Charles und den anderen, sage ihnen, was passiert ist. Und dann überlegen wir gemeinsam, wie es weitergeht.« Aaron schiebt den Schlafsack beiseite und zieht seine wetterfeste Kleidung und die Stiefel an. Ich bringe ein schwaches Lächeln zustande, als er mir aufmunternd auf die Schulter klopft und das Zelt verlässt.

Später, nachdem ich meine Wade und das Fußgelenk versorgt habe, sitze ich mit Aaron, Rainer, Charles und Steve im Essenszelt. Noch immer steckt mir der Schrecken meines nächtlichen Malheurs in den Knochen.

»Vielleicht würde mir ein Ruhetag guttun«, sage ich. »Das ist in diesem Camp nicht so gut«, meint Charles. »Wir haben zu wenig Lebensmittel. Erst im nächsten Camp treffen wir Träger, die neuen Proviant bringen. Dort, im Third Cave Camp, können wir problemlos einen Tag Pause einlegen.«

»Und wie weit ist es bis dorthin?«, frage ich.

Charles' Antwort lässt lange auf sich warten. »Sechs bis sieben Stunden Fußmarsch.«

»Ich weiß nicht, ob ich das schaffe«, sage ich. Der Gedanke, so viele Stunden über Stock und Stein zu laufen, erscheint mir völlig absurd. Ich bin realistisch genug, um zu wissen, dass es unmöglich ist, eine so lange Wegstrecke mit einem schmerzenden Knöchel zu bewältigen. »Wir werden dir helfen, dann wird es schon gehen«, meint Steve. Seinen Optimismus kann ich nicht teilen.

»Die Verkrampfung in der Wade macht mir weniger Sorgen als der Fuß. Ist es nicht besser, wenn ich umkehre?«

»Nein, das geht nicht. Der Weg, den wir gekommen sind, ist zu weit«, sagt Charles. »Der Abstieg vom Third Cave Camp ist leichter und kürzer, um ein Fahrzeug zu erreichen, das dich zurückbringen kann, wenn es wirklich nicht mehr geht.«

»Gib' deinem Fuß doch jetzt ein paar Stunden Ruhe und mach' noch ein paar kalte Umschläge. Vielleicht hilft dir das ... und dann brechen wir später auf«, schlägt Aaron vor.

Ein plötzliches kollektives Schweigen deute ich als gemeinschaftliche Anteilnahme, als Rainer meint: »Du gehst in deinem eigenen Tempo und lässt dir genügend Zeit. Du machst nur das, wozu du in der Lage bist.«

Mein Kopf ist leergefegt, ich weiß nicht, was ich tun soll.

»Wir gehen ganz langsam, nehmen deinen Rucksack und

helfen dir bei schwierigen Wegpassagen«, sagt Charles. »Pole, pole! Du schaffst das!«

Eigentlich will ich das nicht, aber ich habe keine andere Wahl.

★

Drei Stunden später brechen wir auf. Mühsam setze ich einen Fuß vor den anderen. Die ersten Schritte sind noch ungelenk. Die Beine bewegen sich hölzern und unsicher. Wie in einem Schraubstock sitzt mein bandagierter Fuß im Stiefel. Ich brauche Zeit, um mich einzulaufen, bin mir bewusst, dass ich keinen unbedachten Schritt machen darf. Dieses Wissen begleitet mich wie ein Schreckgespenst. Meine Technik beim Gehen, die mir seit Jahrzehnten in Fleisch und Blut übergegangen ist, kann ich nicht abrufen. Stattdessen bewege ich mich wie eine Schnecke. Mit gesenktem Kopf achten die Augen auf das zerfurchte Gelände. Jeder Schritt will überlegt sein. Dieses konzentrierte Voranschreiten ist verteufelt schwer, zerrt an den Nerven, während mich trübsinnige, schwarzseherische Gedanken begleiten.

»Kannst du laufen?«, will Aaron nach der ersten halben Stunde wissen.

Was für eine Frage! Immer wieder lausche ich tief in meinen Körper hinein. Da! Stiche im Knöchel. Das Fußgelenk schmerzt. Mit den Trekkingstöcken versuche ich, den linken Fuß zu entlasten, arbeite an meiner mentalen Trittsicherheit und versuche, aufkommende Schmerzen zu verdrängen. Wenn ich mich an Charles' Fersen hefte, der im Raupentempo bedächtig vorangeht, horche ich nicht mehr so sehr in mich hinein, kann das Stechen in meinem Fuß fast ausblenden und gleite in eine meditative Phase, die mir das Gehen etwas erleichtert. Ich denke nicht mehr über das nach, was ich tue, denke nur an den nächsten Schritt und setze einen Fuß vor den anderen.

Der Pfad, dem wir folgen, schlängelt sich durch eine endlose Hügellandschaft mit kniehohen Gräsern und mannshohen Felsen. Schließlich durchschreiten wir ein steinernes Meer mit spärlicher Vegetation und passieren zu unserer Rechten die Nordseite des Kibo-Massivs mit dem nördlichen Gletscher. Ein Blick, der bald schon der Vergangenheit angehören könnte. Denn der rund 11 000 Jahre alte Eispanzer hat in den vergangenen 100 Jahren enorm an Volumen verloren. Seit dem Beginn des 20. Jahrhunderts ist er um 88 Prozent geschrumpft. Im Jahr 1880 betrug die Eiskappe noch rund 20 Quadratkilometer, heute sind es nur noch 1,85 Quadratkilometer. Klimatologen schätzen, dass die Gletscherkrone des Kilimandscharo bereits in 20 oder 30 Jahren verschwunden sein könnte. Für die Ursachen der Schmelze gibt es zwei Theorien. Einerseits benennen Wissenschaftler den atmosphärischen Treibhauseffekt, verursacht durch die weltweiten Kohlendioxidemissionen, besonders hervorgerufen durch Autoabgase sowie die Erdöl- und Kohleverbrennung in den Industrieländern. Andererseits wird der Gletscherrückgang durch regionale Klimaveränderungen erklärt: Bedingt durch die geringen Niederschläge, die auf eine abnehmende Zufuhr feuchter Luft vom Indischen Ozean zurückzuführen ist, kann die Eiskappe keine neue Masse aufbauen. In beiden Fällen wurde die Gletscherschmelze durch den globalen Klimawandel verursacht, für den der Mensch verantwortlich ist.

★

Als grau-drohende Wolken sich über uns zusammenziehen und die Felswildnis verschatten, liegen Fantasie und Wirklichkeit ganz nah beieinander. »Das ist Mordor, Tolkiens schreckliches Land in Mittelerde«, meint Aaron. Tatsächlich wirkt diese gespenstische Szenerie wie aus ›Der Herr der Ringe‹. Ringsum erstarrte Lavabrocken, zersplittert und zerborsten. Felsstürze wechseln mit Geröllhängen. Und immer wieder Buckel, Brocken, Blöcke, die den Widerstand dieser kargen und rauen Landschaft deutlich machen. Diese Region gleicht einem wilden und unübersichtlichen Chaos, in dem ich die Minimalisierung der menschlichen Bedeutung spüre.

Wenn wir zwischen dem ständigen Auf und Ab kahler, schwarzbrauner Höhenzüge Rast machen, trinken wir heißen Tee, essen Müsliriegel, Trockenobst und Kekse. Rainer nimmt kaum etwas zu sich. Den ganzen Tag schon ist er einsilbig. Seit den Vormittagsstunden plagen ihn Übelkeit und Schlappheit. Den Kopf in beide Hände gestützt, sitzt er bedrückt auf einem Felsen. Auch Aaron wirkt heute geschwächt, hat starke Kopfschmerzen. Sorgen machen sich breit, denn zwischen 2000 und 4000 Metern befinden wir uns in jener Zone, in der erste Symptome der Höhenkrankheit auftreten können.

Weiter. Kilometer für Kilometer gehen wir mit ruhigen und gleichmäßigen Schritten voran. Jeder läuft im Labyrinth seiner eigenen Gedanken, als ein wolkiges Tief mit den Berghängen kollidiert und das Kibo-Massiv verschluckt. Unversehens steigen zerrupfte Nebelschwaden den Berg empor, fliegen wie windzerzauste Spinngewebe heran, wälzen sich wie Dampfschwaden über die Weite, umhüllen uns und schränken die Sicht ein. Farben und Konturen verflüchtigen sich. Alles grau in grau. Es ist, als wären fahle Vorhänge über das Land gefallen, die das Gefühl von drückender Enge vermitteln. Dieser undurchdringliche Nebel ist ein alles verschlingendes, lautloses Gespenst, das alle Größenordnungen außer Kraft setzt.

Ringsum ist alles still, in Kälte, Frost und Nebel erstarrt. Nur schemenhaft ist der jeweils nächste Hügel zu erkennen, während wir über Spalten, Klüfte, Steinhalden und erstarrte Lavaströme klettern. Die Formen von nahen Felsblöcken und Lavabrocken, die von milchigem Dunst umwickelt werden, und die wir nur als Silhouetten erkennen können, scheinen sich auf einmal aus ihrer Erstarrung zu lösen. Es ist, als würden sie in den wabernden Grauschleiern zum Leben erweckt. Bei einer solch spukhaften Wetterstimmung kommt jene Gruselstimmung auf, die aus den Legenden rund um den Kilimandscharo herausdünstet.

Stunde um Stunde gehen wir durch das trübe Nebelmeer, während wir mehr und mehr begreifen, dass dieser Berg nicht nur fantastische Landschaften bietet, sondern dem Menschen auch einiges abverlangt. Dazu gehören nicht nur Nebel, Kälte und Wind. Auch die zerrissenen Pfade und die Unebenheiten im Gelände bereiten uns immer wieder Probleme. Und wenn übereinander aufgetürmte Felsblöcke den Weg versperren, sind Charles oder Steve sofort an meiner Seite, um mir bei schwierigen Ab- und Aufstiegen zu helfen.

Am Nachmittag spüren wir die ersten frischen Atemzüge eines Windes, der nicht nur die Nebelschwaden vertreibt, sondern auch die Düsternis und unsere üble Laune. Stück für Stück reißt der grauschwarze Himmel auf und aus den abziehenden Wolkengeschwadern taucht ganz allmählich das Bild der Landschaft wieder auf. Bald darauf erleuchten ein paar Sonnenstrahlen den schmalen Pfad und erwecken aufs Neue die Lust am freischweifenden Blick. Die offene Aussicht vermittelt uns ein erleichterndes Gefühl, genau zu wissen, was noch vor uns liegt: Klippen, Hohlwege, Schluchten, Felstrümmer und tiefe Furchen. Am Schlimmsten sind die Steinhalden. Wenn wir diese überdimensionalen Kugellager aus Gestein passieren, haben wir beim Drauftreten große Sorge, dass der ganze Hang ins Rutschen kommt. Unsere Einschätzung erweist sich als nur allzu richtig, als Aaron plötzlich stolpert und ins Straucheln kommt. Charles packt ihn am Jackenärmel und hält ihn fest, während das lockere Geröll absackt und ins Tal rutscht. Sand- und Staubwolken treiben in blassen Wolken durch die Luft.

Irgendwann schiebt sich weit voraus der Mawenzi (5149 Meter) ins Blickfeld, der zweithöchste Berg im Kilimandscharo-Massiv und der dritthöchste Berg Afrikas. Nur ein sechs Kilometer langer Felssattel trennt ihn vom Kibo-Krater. Wie ein schwarzer Scherenschnitt zeichnen sich die steilen und zerklüfteten Flanken des Mawenzi gegen den pastellfarbenen Himmel ab. Eine grandiose Formation, die vor etwa einer Million Jahre entstand, als sich aus dem unteren Erdmantel zähflüssige Lavaströme ihren Weg durch die obere Erdkruste bahnten. Schlotartige Schmelzen brachen empor, die mit anderen Sedimenten blasenartig Schichten aufwarfen, die den Mawenzi-Vulkan bildeten. Später, als sich die unterirdischen Magmenkammern durch vulkanische Eruptionen entleert hatten, stürzte die obere Decke ein und eine riesige Caldera entstand, in der große Wassermassen einen See bildeten. Durch die Kräfte der Verwitterung zerbrach der Krater irgendwann und gewaltige Wassermassen rauschten ins Tal. Mächtige Schluchten und Flussbetten (Barrancos) bildeten sich. Und während auch die weicheren Lava- und Gesteinsformationen erodierten und einstürzten, blieb das härtere Gestein stehen und prägt noch heute die faltenreiche Struktur des Mawenzi.

Wie ausgesägt wirken die Gipfelzacken, die ein Zeugnis uralter vulkanischer Tätigkeit sind.

Von Charles erfahren wir, dass der Mawenzi angesichts seiner schwarzen Färbung von den Einheimischen »der Dunkle« genannt wird, während sein Gegenüber, der Kibo, dessen obere Hänge mit Schnee bedeckt sind, als »der Helle« gilt.

Die Sonne steht spürbar tiefer, als wir eine Stunde später das Three Cave Camp erreichen. Unsere Träger, die das Lager bereits aufgebaut haben, empfangen uns mit großem Hallo und einem fröhlichen Singsang. Wir sind ziemlich groggy, aber froh, den Northern-Circuit-Rundweg geschafft zu haben.

Im Zelt entledige ich mich der Bergstiefel, ziehe die feucht geschwitzten Socken von den Füßen und löse die Knöchelbandage. Was für eine Erleichterung! Glückshormone durchfluten meinen Körper, während Aaron mich mit sorgenvollem Blick beäugt.

»Alles okay, Papa?«, fragt er und lächelt mich nachdenklich an.

»Alles okay«, erwidere ich, während ich mit den Zehen wackle und der geschwollene Fuß schmerzt. Ich versuche, mir nichts anmerken zu lassen, doch ernst und besorgt beobachtet mich mein Sohn, als ich eine Tablette schlucke. Seine Augen lassen mich wissen, dass ich ihn nicht täuschen kann.

»Wie schlimm ist es?«, fragt er zögerlich.

»Keine Sorge, das kommt schon wieder in Ordnung«, sage ich, versuche gleichgültig zu klingen und strecke mich auf dem Schlafsack aus. In meinem Inneren breitet sich eine klare Ruhe aus, die mich erfüllt. Dann dämmere ich weg.

*

Ruhetag. Der Himmel, der am Vortag so grau verhangen war, hat sich blau verfärbt und geöffnet. Ein paar kleine Wölkchen ziehen dahin. Die Luft ist klar. Alle Konturen des Kibo-Massivs sind scharf, die Farben leuchten. Ich liege auf der Isoliermatte in der Sonne, kühle meinen geschwollenen Fuß. Aaron und Rainer säubern ihre Kameras und Objektive. Gegen Mittag brechen sie mit Charles zu einer leichten Akklimatisierungswanderung in Richtung Mawenzi auf.

Ohne jede Ablenkung kann ich Erinnerungen an meinen Vater wachrufen, die vor meinem inneren Auge wie Leuchtfeuer am Horizont aufflackern. Es sind kleine Szenen, eher Bilder als Geschichten.

Ich sehe Harry, wie er im Hobbykeller seines Hauses einen kleinen Billardtisch aufbaut und mit Aaron stundenlang spielt, wie die beiden Dartpfeile auf eine runde Zielscheibe werfen und mein Vater ganz akkurat die jeweilige Punktezahl notiert, wie wir am Abend gemeinsam im Wohnzimmer sitzen und nicht endende Gespräche über Bücher und Filme führen. Wie Harry beim Fußballspielen schweißnass ist und schimpft, wenn seine Mannschaft ein Tor kassiert, wie er sich freut, wenn Rita und ich zu Besuch kommen und er, ganz der Kavalier, meiner Frau liebenswürdige Komplimente macht. Wie er mich mit dem Auto zu Vorträgen fährt und wir nach den Veranstaltungen an der Hotelbar noch ein, zwei Bier trinken. Wie wir gemeinsam nach Spanien reisen, wo wir in einem gemütlichen Lokal eine riesige Paella essen und reichlich Rotwein trinken, wo wir im Golf von Roses bei herrlichstem Wetter die katalonische Küste in einem Faltboot entlangpaddeln und bei gleichförmigem Wellenrauschen am Strand spazieren gehen, jeder in seinen Gedanken versunken. Wie wir unweit von Barcelona, in dem zehn Kilometer langen und rund 1200 Meter hohen

Sandsteingebirge von Montserrat, wandern und fingerförmige Felsformationen erklettern, um uns auf die gemeinsame Reise nach Ostafrika vorzubereiten, zu der es ja nicht kam.

★

Am nächsten Morgen präsentiert sich der Himmel in Weiß und Blau. Windstille. Hinter der Silhouette des Kilimandscharo steigt die Sonne auf, die Berghänge beginnen zu leuchten. Wir haben sofort gute Laune. Ich bin erleichtert, als ich sehe, dass die Schwellung an meinem verstauchten Fußgelenk weitgehend abgeklungen ist. Der verfärbte Knöchel sieht deutlich besser aus, auch die Schmerzen haben nachgelassen, wenn ich auftrete und das Bein belaste. »Willst du noch immer weiter hinauf?«, will Aaron beim Frühstück wissen.

»Na klar. Alles okay«, behaupte ich bockig. »Ich schaffe das.« Allein diese Worte auszusprechen tut gut. Energetisch bin ich zwar noch nicht auf der Höhe, doch die Verlockung des Kraters ist stärker und motiviert mich. Auch Rainer und Aaron geht es besser: Übelkeit, Schwäche und Kopfschmerzen sind kein Thema mehr. Ein neugewonnener Optimismus wischt jeden Zweifel am weiteren Aufstieg beiseite. Zwei Stunden später brechen wir gemeinsam auf.

Bei strahlendem Sonnenschein steigen wir im Schneckentempo durch eine braungraue, vegetationslose Mondlandschaft. Von 3950 Meter führt der Trail bis auf 4770 Meter. Es geht steil bergan. Eine harte Prüfung. Was soll man auch erwarten bei einem Aufstieg von mehr als 700 Höhenmetern, in einer Region, in der die Luft permanent dünner wird und der Körper Sauerstoff transportierende rote Blutkörperchen produzieren muss.

Am Nachmittag ziehen graue Wolken auf. Der Himmel verdüstert sich. Nicht ein blauer Fleck ist zu sehen. Die Temperatur sinkt rapide, es kommt Wind auf, der an uns zerrt. Gleichwohl gehen wir Schritt für Schritt voran, stemmen uns gegen den unangenehmen Druck der Böen, die sich an jedem Widerstand, der ihnen im Weg steht, festbeißen. Manchmal können wir kaum die Balance halten. Die Luft ist erfüllt von einem intensiven Sausen und der heftige Wind drückt, boxt und schiebt uns. Doch die Sicht bleibt einigermaßen klar, während wir mit gebeugtem Oberkörper intuitiv unsere Schritte setzen, vorbei an Steilfelsen, Gesteinseinschnitten, Schuttrutschen und haushohen Felswänden, die wie uneinnehmbare Festungsmauern wirken. Unter unseren Stiefeln kracht brüchiges Gestein, während die Kräfte von Höhenmeter zu Höhenmeter spürbar nachlassen. Irgendwann treiben meine Gedanken ab und eine diffuse Unruhe breitet sich in mir aus. Zudem machen sich in meinem Fuß wieder Schmerzen bemerkbar und ich beginne zu humpeln.

»Wie weit ist es noch bis zum Camp?«, rufe ich.

»Es ist nicht mehr weit«, schreit Charles gegen den Wind an.

★

Endlich School Hut. Das letzte Camp unterhalb des Vulkankraters. Eine einsame, kalte Welt in 4770 Metern Höhe. Die Zelte sind von Reif bedeckt. Das Thermometer zeigt null Grad an. Es ist, als wären wir innerhalb eines Tages vom Sommer in den Winter gekommen. Hier, vor der schwersten aller Etappen, treffen ein paar nach oben Strebende mit jenen zusammen, die am Gipfel ihr Glück bereits gefunden haben. Andere sind auf halbem Weg zum Kraterrand umgekehrt. Sie klagen über Übelkeit, Schwindel, Kopf- und Ohrenschmerzen, haben ihre Kräfte und Fitness überschätzt, müssen weiter absteigen. Zwei, drei Neuankömmlinge trauen den Wetterbedingungen nicht und fragen sich, ob sie am nächsten Morgen tatsächlich aufsteigen oder lieber aufgeben sollen.

Nach dem Abendessen bläst der Wind noch immer mit unverminderter Heftigkeit. Die Zeltbahnen flattern, beulen sich nach innen, als wir uns erschöpft in die Schlafsäcke legen. Der Berg zeigt bei allen Wirkung. Jeder hat Beschwerden – am Rücken, an der Schulter, an den Beinen.

Aaron plagen wieder Kopfschmerzen, er findet nicht in den Schlaf, wälzt sich hin und her, während mein bandagierter Fuß pocht. Ich weiß nicht, ob sich die Schmerzen über Nacht beruhigen werden und ich am kommenden Morgen zum Kraterrand aufsteigen kann. Erneut mache ich mir sorgenvolle Gedanken, die mich lange wachhalten. Die Entscheidung fällt morgen früh, sage ich mir irgendwann. Das muss ich akzeptieren. Was ich jetzt brauche, ist nichts anderes als Seelenruhe. Ich will nur schlafen.

Mein Vater, mein Opa und der Kibo

von Aaron Moser

Dunkle Wolken hängen über dem Kilimandscharo. Wilde Böen stürzen vom Kibo-Gipfel herunter. Es ist 21 Uhr. Ich ziehe den Reißverschluss auf und schlüpfe ins Zelt. Im Inneren unserer Kunststoffbehausung sind etwa null Grad. Papa liegt im Schlafsack und liest im Licht seiner Stirnlampe. Seit Tagen schmökert er sich mit Daniel Defoe's ›Robinson Crusoe‹ in den Schlaf. Der Roman um den ziegenfellbekleideten Inselbewohner ist für ihn eine Art Metapher für die Entwicklungsgeschichte des Menschen: Am Beispiel des Robinson verdeutlicht sich für ihn der Werdegang menschlicher Entwicklung – vom Jäger wird Robinson zum Hirten und zum Ackerbauern, sagte Papa, als wir durch die Olduvai-Schlucht wanderten, wo die Geschichte des Vormenschen begann.

»Wie fühlst du dich?«, frage ich.

Ich bekomme keine Antwort. Stattdessen wendet sich Papa kommentarlos ab und dreht sich zur flatternden Zeltwand. Er will nicht über seine prekäre Lage sprechen, zieht sich in sich selbst zurück. Das Wirklichkeitsbewusstsein setzt ihm zu. Es ist, als wäre sein Vorrat an Willensstärke aufgebraucht. Die Frage, ob er morgen zum Kraterrand aufsteigen kann, belastet ihn (und auch mich), sie hängt wie ein Damoklesschwert über ihm. Schweigen erscheint ihm besser, als Optimismus vorzutäuschen. Ich kann ihn verstehen, akzeptiere sein Verhalten, hoffe aber, dass er die Kurve kriegt, hoffe, dass er sich nicht fallen lässt. Auch das ist vermutlich wieder so ein Vater-Sohn-Ding.

Ohne ein weiteres Wort greife ich zu meinem Rucksack und nehme Mütze, Handschuhe, die Wasserflasche und einen Schokoriegel heraus. Dann trete ich wieder hinaus in die Dunkelheit. Der eisige Hauch des Windes ist sofort da, aber meine dichte Kleidung schützt mich. Da wir wussten, dass uns auf über 4700 Metern Höhe überwiegend Kälte und Sturm erwarten würden, sind wir optimal vorbereitet. Nur im Gesicht beißt die Kälte.

Ich streife die Handschuhe über, setze die Mütze auf und verlasse das Camp. Außer dem Geräusch des Windes herrscht im Lager absolute Stille. Charles und Steve, unsere Bergführer, die Träger und auch Rainer haben sich bereits in ihre Schlafsäcke eingemummelt.

Im Lichtschein meiner Taschenlampe schaue ich vornübergebeugt auf ein Gewirr von Steinen, setze konzentriert einen Fuß vor den anderen, um in dem zerklüfteten und steilen Terrain nicht das Gleichgewicht zu verlieren. Manchmal bricht der Schotter unter meinen Füßen weg. Nur nicht hinfallen, denke ich. Bloß nicht den Knöchel verstauchen, wie es Papa passiert ist.

Schritt für Schritt spaziere ich rund um unseren Lagerplatz. Das aufkommende Mondlicht zaubert gespenstische Schatten an den Berg. Wie künstlich angestrahlt wirken die Konturen einiger Felsklötze, die riesigen Fabelwesen gleichen. Mein Pulsschlag hämmert gegen die Schläfen und der Kopf dröhnt. Das stetige Klopfen im Schädel setzt mir zu, und ich frage mich, ob es nicht besser wäre, mich ins Zelt zurückzuziehen, mich auszuruhen und meine Kräfte zu sammeln. Doch im

Biwak würde es mir auch nicht besser gehen, denke ich. Also spaziere ich langsam weiter, weil ich vor der letzten Bergetappe noch etwas Zeit nur für mich haben möchte.

Durch intensives Ein- und Ausatmen versuche ich, die Schmerzen im Kopf zu vertreiben. Schon seit Tagen plagen mich Schwindelgefühle und Kopfschmerzen. Es gab Momente, da hatte ich das Gefühl, als würde jemand auf meinem Brustkorb sitzen. Deutlich habe ich gemerkt, dass der Sauerstoffgehalt der Luft weniger wurde, je höher wir stiegen. Die Energie, die man hier am Berg aufwendet, ist erheblich. Ich spüre die Veränderungen an meinem Körper, und ich weiß, dass die Schmerzen im Kopf Anzeichen von körperlicher Überanstrengung sind, vielleicht sogar Symptome der Höhenkrankheit. Andererseits möchte ich keine Tabletten nehmen, jedenfalls noch nicht. Ich hoffe, dass mein Körper ohne Medikamente auskommt. Natürlich geht die Gesundheit vor. Doch so kurz vor dem Gipfel möchte ich nicht schlappmachen. Das darf nicht sein. Ich will da jetzt hoch, sage ich mir. Deshalb habe ich Papa auch nichts von meinen Beschwerden erzählt. Ich möchte ihn nicht zusätzlich beunruhigen. Er hat genug mit sich selbst zu tun.

So viele Reisen haben wir in den vergangen zehn Jahren schon gemeinsam unternommen, haben gute und schlechte Momente erlebt – und jede Sekunde hat uns näher zusammengebracht. Bei wechselnder Kulisse haben wir gestaunt, gelacht, geflucht und geweint. Immer wieder haben wir beim Unterwegssein in der Natur allerhand auf uns genommen, waren oft obenauf und manchmal ziemlich down; sind aber immer seelisch gestärkt nach Hause zurückgekehrt. Ich glaube, es ist vor allem dieses Auf und Ab, das mich immer wieder in die Ferne treibt, sei es auch noch so unbequem. Erleben ist alles. Doch nichts ist vorhersehbar, und Glücksmomente kann man nicht planen. Das Glück ist flüchtig, doch wenn man es wahrnimmt, bin ich dafür dankbar, denn zwischen Begeisterung und Gefahr ist manchmal nur ein schmaler Grat.

Im Laufe der Jahre haben wir auf unseren Reisen auch gelernt, zusammen zu schweigen. Es mag absurd klingen, doch das Schweigen ist manchmal viel schwieriger, als ein Gespräch zu führen. Besonders, wenn wir wochenlang in der Einsamkeit unzählige Nächte in der Enge eines kleinen Biwaks verbrachten, haben wir immer wieder erlebt, dass wir die Stille problemlos ertragen können. Oft waren es sogar diese wortlosen Stunden, in denen man dem anderen näherkommt, ihn beim Schweigen kennenlernt, manchmal nur mit Blicken und Gesten.

Ich ertappe mich dabei, dass ich an einige Regionen und Orte denke, die wir uns im Laufe der Jahre erwandert haben. So viel Schönes haben wir gesehen: Ob zu Fuß über die Alpen und durch Italien, in der ausgedörrten Ebene der spanischen La Mancha, in den Sandmeeren der Sahara, in den Felslabyrinthen der Sinai-Wüste, entlang der schottischen Nordseeküste oder im herrlich ursprünglichen Thüringer Wald – überall konnte ich mich auf Papa verlassen, egal welche Schwierigkeiten, Hindernisse oder Gefahren sich auf unseren Wegen darboten. Er war immer da – und hatte eine Lösung parat.

Vollkommen anders ist es jetzt. Nichts ist in den letzten Tagen so, wie es sonst war. Hier, am Kilimandscharo, lerne ich eine ganz andere Seite meines Vaters kennen: Seit er sein Fußgelenk verstaucht hat, ist er unentschlossen und verunsichert, hadert mit sich. Ich merke, dass er an seine Grenzen kommt. Das Gefühl der körperlichen Unbesiegbarkeit hat sich verflüchtigt. Und das erste Mal in meinem Leben habe ich Angst um ihn, habe Angst, dass er sich zu viel zumutet. Vermutlich hat er diesen Wesenszug von Opa Harry, der konnte auch nie aufgeben, hat sich bis ans Limit gequält, wenn er ein Ziel vor Augen hatte.

Es ist schon seltsam, mit einem Mal nicht mehr der *kleine Junge* zu sein, dessen Rucksack im Notfall vom Vater getragen wird, wenn man nicht mehr kann. Stattdessen trage ich seit zwei Tagen seine Ausrüstung auf meinen Schultern, um ihn beim Aufstieg zu entlasten. Doch was wird morgen, wenn noch einmal 1000 Höhenmeter bis zum Kraterrand vor uns liegen? Was wird, wenn er nicht mehr weiter kann? Was mache ich, wenn sich mein Vater für den Abstieg entschließt? Gehe ich ohne ihn weiter? Oder steige ich mit ihm ab? Ich bin hin- und hergerissen, denn über all diese Fragen, die sich unangenehm anfühlen, hätte ich vor ein paar Tagen nie nachgedacht. Denn: Papa war immer mein Held, der durch Wüsten wanderte, in Wildwassern paddelte, seinen Weg durch Sturm, Hitze und Kälte fand. Doch dieses Bild bröckelt jetzt. Und ich glaube, dass er das weiß. Und dennoch sind mir gerade in diesen Momenten einige seiner Worte ganz präsent, die er immer wieder in ähnlicher Art und Weise sagte, wenn ich ihm früher beim Unterwegssein von meinen Zweifeln, Sorgen und Ängsten erzählte: »Weißt du Aaron, es hat keinen Sinn, wenn man sich ständig vor Augen hält, dass alles, was man sich vorgenommen hat, vielleicht schiefgehen könnte. Du musst positiv denken, musst an dich glauben, musst dir selbst vertrauen. Sei immer optimistisch. Das wird schon!«

Irgendwann setze ich mich auf einen Felsblock und schalte die Taschenlampe aus. Um mich herum: Kälte, Stille, Einsamkeit. Der Wind beruhigt sich, als ich den Schokoladenriegel aus der Jackentasche krame, der bei den eisigen Temperaturen regelrecht gefroren ist. Ich breche ein Stückchen ab und stecke es in den Mund. Dann schaue ich zum Himmel hinauf. Nur hier und da glitzern ein paar Sterne zwischen den dicken Wolkenbänken. Diese glitzernden Punkte, die sich in bestimmbaren Bahnen drehen, sind es, die meinem Vater und mir bei der Himmelsnavigation in der Wildnis immer wieder Sicherheit gaben, um unsere Position festzulegen und unseren Weg zu finden. Dass diese Sternbilder seit undenklichen Zeiten existieren, empfinde ich immer wieder aufs Neue als ein Wunder.

Nach einer Weile lassen meine Kopfschmerzen etwas nach und ich fühle mich erleichtert, wie von einer Bürde befreit. Es ist einer der Momente, in denen ich entspanne, das Alleinsein genieße, und mich frage, ob Opa Harry, als er seinerzeit meinem Vater die Tonbandkassette gab, vielleicht geahnt hat, dass wir diese Reise zum Kilimandscharo einmal machen würden. Es ist immerhin denkbar, dass es ein innerer Wunsch vom ihm war, dass seine Tonbandkassette mit der Erzählung vom Kilimandscharo-Aufstieg ein Ideengeber sein sollte. Wer weiß?

Tiefe Wehmut überkommt mich bei diesen Gedanken. Und während aus meinen kalten Atemzügen eine Menge Erinnerungsbilder aufsteigen, die ganz greifbar sind, flüstere ich in meinen hochstehenden Kragen: »*Es wäre schon schön, wenn du jetzt hier wärst, Harry.*« Natürlich glaube ich nicht, dass mein Opa mich hört – und dennoch tut es gut, diese Worte vor mich hinzumurmeln. Es ist mir an diesem einsamen Ort, einen Abend vor dem Gipfelaufstieg, unmöglich, nicht an meinen Opa zu denken: »*Ich wusste eigentlich nicht sehr viel über dich. Du warst für mich immer nur der coole Opa, der mit mir Fußball, Billard oder Karten spielte, mit mir um die Wette rannte, mit mir Tierfilme anschaute oder mir von Kriegserlebnissen erzählte, die mich manchmal ziemlich erschreckten. Ich hätte gerne mehr von dir erfahren, hätte gerne mehr Zeit mit dir verbracht. Papa fehlst du noch viel mehr als mir. Ich glaube sogar, dass er diese Reise nur für dich macht. Vor allem habe ich ihn noch nie so viel weinen sehen wie in den letzten Tagen ...«*

Woher kommen diese Gedanken, frage ich mich. Woher kommt diese Ergriffenheit? Denkt man so was nur, wenn man im Mondschein auf über 4700 Metern Höhe, unweit vom Kibo-Gipfel entfernt sitzt?

Plötzlich Stimmen, die mich aus den Gedanken reißen. Ich höre Schritte auf Geröll. Jemand ruft meinen Namen. »Aaron, wo bist du?«

Nebelschwaden ziehen auf. Schemenhaft sehe ich zwei Gestalten, die sich nähern.

»Aaron?«

»Alles gut. Ich bin hier!«, sage ich und überspiele meine gedankliche Befangenheit.

Dann sehe ich Charles, der auf mich zukommt. Dahinter mein Vater, leicht humpelnd.

»Mensch Aaron, was machst du denn?«, sagt mein Vater und ich höre den ungeduldigen Unterton in seiner Stimme. »Wir haben uns Sorgen gemacht.«

»Ich habe mir nur ein bisschen die Beine vertreten. Es ist alles in Ordnung!«

Charles lacht, nimmt mich in den Arm und sagt: »Aaron ist ein Naturbursche, der liebt den Kilimandscharo auch in der Nacht.«

Dann gehen wir zurück zu den Zelten. Der Wind wird wieder stärker und ich schaue auf Papas Fuß. »Wie geht es dir?«, frage ich.

Nach einer kurzen Pause sagt er leise: »Das wird schon!«

Da sind sie wieder, diese drei aufmunternden Worte, die uns auf vielen Reisen über manche Zweifel hinweggeholfen haben.

Zum Dach Afrikas

Die ganze Nacht verbringe ich in einem Zustand zwischen Wachen und Schlafen. Meine Gedanken kreisen immer wieder um die Fragen: Soll ich zum Kraterrand aufsteigen? Wird mein Fuß die Belastungen noch weiter aushalten? Kann ich die vor mir liegenden Anstrengungen überhaupt richtig einschätzen? Ist es nicht fahrlässig, wenn ich mit der Verstauchung weiter bergauf steige? Sollte ich nicht lieber mit den Trägern absteigen? Sorgen, Müdigkeit und Kälte bilden im Schlafsack ein unbehagliches Vakuum.

Um vier Uhr früh steht Charles vor dem Zelt. »Hey Guys, heute geht's zum Gipfel! In einer Stunde brechen wir auf. Vorher gibt's Frühstück. Esst ordentlich Porridge und trinkt viel Tee«, sagt er lachend.

Aaron schaut mich aus müden Augen an und meint: »Na, Papa, hast du Lust auf bräunliche Pampe?«

»Mitten in der Nacht Haferflocken und heißen Tee. Ich kann mir kaum etwas Schöneres vorstellen«, sage ich und krieche aus dem Schlafsack.

»Was machen die Kopfschmerzen?«, frage ich Aaron.

»Besser«, sagt er. »Und dein Fuß? Hast du noch Schmerzen?«

»Es geht so«, erwidere ich. Unser Gespräch verläuft stockend. Jeder hat mit sich zu tun, während wir mit klammen Fingern in Kleidung und Stiefel schlüpfen. Ich überlege, wie ich mit meiner physischen Energie am ökonomischsten umgehen muss, wenn ich tatsächlich am Berg weiter aufsteige. Bin ich wirklich stark genug für alles, was da noch kommt?

Als wir das Zelt verlassen und in die Dunkelheit hinaustreten, brauchen wir einige Augenblicke, um die Augen an die Finsternis zu gewöhnen. Mit kreisrunden Armbewegungen versucht Aaron, sich aufzuwärmen. Es ist kalt, hier oben auf mehr als 4700 Metern ist es immer kalt, aber die Intensität des Windes entscheidet, wie sehr man friert, besonders, wenn man aus der Geborgenheit des Zeltes ins Freie kommt.

»Ich kann mich nicht daran erinnern, dass ich jemals so gefroren habe«, meint Aaron. Die Temperatur ist in der Nacht noch weiter auf minus zwölf Grad gefallen. Ganz schwach strahlen ein paar Sterne am Himmel, sodass die kargen Felswände nur schemenhaft zu erkennen sind. Der Atem treibt Wolken in die eisige Luft. Mit jedem Ausatmen schlagen sich Eiskristalle an meinem Bart nieder, während ich aus dem Essenszelt das Geklapper von Tellern, Tassen und Kochgerät höre.

Beim Frühstück erklärt uns Charles den Aufstiegsplan für die nächsten Stunden. Merkwürdig unbeteiligt hören Aaron, Rainer und ich Charles zu, der sich bemüht, ein wenig Heiterkeit in unsere trübe Morgenstimmung zu bringen. Wir sind müde und antriebsschwach, verspüren weder Lust noch Kraft, weiter aufzusteigen. Wären da nicht all die Erinnerungen an meinen Vater, würde ich jetzt aufgeben.

»Hast du dich schon entschieden, ob du mit zum Gipfel kommst?«, fragt mich Aaron.

Ich schaue ihn an und weiß nicht so recht, was ich sagen soll. Ich bin unsicher. Mulmige Gefühle beschleichen mich. Seit ich vor ein paar Tagen im Pofu-Camp umgeknickt und gestürzt bin, fühle ich mich immer wieder misslaunig und niedergeschlagen. Damit ist jetzt Schluss, sage ich mir. Ich muss die Dinge wieder in ihren normalen Lauf bringen. Diese Einsicht hilft mir, meine Zuversicht zurückzugewinnen. Entschlossen greife ich zu einem Glas Wasser, schlucke ein paar Schmerztabletten und schaue Aaron an. In unseren Blicken liegt eine stillschweigende Vereinbarung. »Wir gehen gemeinsam!«, sage ich.

Aaron hebt seinen Arm, streckt mir die rechte Handfläche entgegen und sagt lachend: »Komm, Papa, gib mir Fünf.« Ich schlage ein. Alles ist geregelt, alles ist gesagt.

Ganz wohl ist mir nach dieser Entscheidung aber nicht.

★

Eine halbe Stunde später sind wir unterwegs. Charles geht voran, ich folge ihm. Hinter mir kommen Aaron und Rainer. Steve bildet den Schluss unserer kleinen Gruppe. Um Mund und Wangen haben wir Tücher gewickelt, die uns vor dem eisigen Wind schützen sollen. Nur die Nase schaut heraus. Dennoch reibt die Kälte wie Schmirgelpapier auf den freien Hautstellen. Keiner sagt ein Wort. Die Stimmung ist angespannt. Jeder ist mit sich selbst beschäftigt. Nur Charles ruft gebetsmühlenartig »Pole, pole«, während die rabenschwarze Himmelskuppel alle Sterne verschluckt und wir einem schmalen Pfad folgen, der in der Finsternis kaum zu erkennen ist.

Wie Suchscheinwerfer wandern die Kegel unserer Stirnlampen in der Dunkelheit über die unmittelbare Umgebung. Wir haben nur den jeweils nächsten Meter im Blick und setzen stoisch ein Bein vor das andere. Wie Blätterteig zerbricht der borkige Verwitterungsschutt unter unseren Schritten. Pulvrige Staubbänder tanzen um die Stiefel, die immer wieder gegen kantige Gesteinsbrocken schrammen.

Um die Anstrengungen in der gespenstischen Szenerie auszublenden, fange ich an zu zählen: Eins, zwei, drei, vier ... bis 100. Dann beginne ich von vorne. Eins, zwei, drei, vier ... Das Zählen hilft mir beim langsamen Voranschreiten im karstigen Gelände. Ich konzentriere mich ausschließlich auf das Gehen, während die Augen vor Kälte tränen. Wir erkennen nur die Umrisse von Felsen, die von Wind und Wetter geschliffen sind. Es ist ein seltsames Gefühl, die Ausformungen der nächsten Umgebung nur vermuten zu können. Alles ist verfremdet und lose aufgeschüttet liegt das Geröllmaterial in steilem Winkel vor uns. Wir müssen aufpassen, um nicht auszurutschen. Kälte und Dunkelheit sind zwei schikanöse Verbündete, die uns zusetzen.

Ich muss daran denken, wie sich mein Vater auf der letzten Etappe zum Gipfel gefühlt hat. Immer wieder hat er mir nach seiner Rückkehr von den letzten Stunden bis zum Gipfel erzählt, wenn wir abends zusammensaßen. Auch auf der Tonbandkassette berichtet er vom mühsamen Aufstieg:

»Im Lichtkegel unserer Stirnlampen stiegen wir langsam Schritt für Schritt den steilen, endlosen Hang aus Lavaasche empor. Immer wieder mussten wir stehenbleiben und nach Luft schnappen. Denn in dieser Höhe beträgt der Sauerstoffgehalt in der Luft nur etwa 50 Prozent. Außerdem gab die Vulkanasche unter unseren Schritten nach, sodass wir bei jedem Tritt zurückrutschten. Vor mir ging Goodluck, der uns immer wieder ermutigte und sagte: ›Pole, pole!‹ Es war eisigkalt und mein Puls raste.

Endlos, über fast fünf Stunden zog sich der steile Hang hinauf. Ich setzte nur noch automatisch einen Fuß vor den anderen.

Dann hatte ich eine Schwächeperiode und wollte mich einfach fallen lassen. Da hörte ich Goodluck sagen: ›Look Harry, there – over the top. The sun is rising.‹ Das motivierte unsere letzten Kräfte und fast beschwingt stürmten wir die letzten 60, 70 Meter zum Gipfel hinauf. Die Freude war überschwänglich. Lachend und weinend zugleich fielen wir uns in die Arme. Wir hatten den Gilman's Point erreicht, 5685 Meter über dem Meeresspiegel. Ein Lebenstraum war in meinem 60. Lebensjahr wahr geworden. Ich hatte ihn bestiegen, den höchsten Berg Afrikas. Ein Traum war in Erfüllung gegangen, nicht zuletzt durch den Ansporn meines Sohnes Achill.«

Auch wir müssen beim Aufstieg wegen der dünner werdenden Luft immer wieder kurze Pausen machen, fühlen uns beim Atemholen wie Fische auf dem Trockenen. Dann weiter, der nächste Steilhang, die nächste Biegung. Wieder anhalten und wieder mühsam durchatmen. Wie in Zeitlupe bewegen wir uns durch die Nacht, nehmen Serpentine für Serpentine im Schneckentempo. Nur gehen und atmen, gehen und atmen, während die Kegel unserer Stirnlampen die Dunkelheit durchschneiden.

Irgendwann zieht sich die Nacht zurück. Ein erster Lichtstreifen ist am Horizont zu sehen. Der Himmel wird langsam hell. Farben vermengen sich, fließen ineinander und die Wolkenlandschaft reißt auf. Morgendämmerung. Wie ein Feuerball steigt die Sonne auf, gewinnt schnell an Höhe und vertreibt die Schatten. Das glühende Orangerot wechselt in ein strahlendes Gelb. Die körperliche Berührung mit dem Licht vermittelt den Eindruck, dass es wärmer wird. Aber das ist eine Illusion. Eisige Windböen kommen aus dem Nichts, treiben Sand- und Staubfahnen vor sich her. Wir spüren Eiskristalle und Sandkörner wie Nadelstiche auf den freien Hautpartien im Gesicht. Der Kreislauf läuft auf Hochtouren.

Je höher wir steigen, desto steiler führt der schmale Pfad aus aschgrauem Lavasand bergauf. Das Gelände wird zusehends schwieriger. Im gleichförmigen Takt der Schritte gehen wir stumm hintereinander her. Lockergeröll knirscht unter unseren Stiefeln. Wir wandern durch gigantische Kulissen, passieren Schutthalden, Lavabrocken und monolithische Findlinge, die in den absonderlichsten Formen verstreut herumliegen.

Die Beschaffenheit der Umgebung, die immer mehr einem Gesteinslabyrinth gleicht, wirkt unheimlich. Kuriose Erosionsphänomene wirken wie grimmige Riesen oder dämonische Schreckgestalten aus der Geisterbahn. Hier wird alles vom extremen Klima und vom stürmischen Wind bestimmt, der regelmäßig über die Steilhänge faucht, ungebremst. Immer häufiger legen wir eine kurze Pause ein, um zu verschnaufen. Dann stützen wir uns auf die Trekkingstöcke oder setzen uns auf einen Felsen, sprechen ein paar Worte.

Ich schaue auf den Höhenmesser von Charles. Mittlerweile befinden wir uns auf einer Höhe von 5300 Metern. Noch etwa 400 Höhenmeter liegen vor uns. Ich lege meine dick behandschuhte Hand auf Aarons Schulter.

»Wie geht es dir?«, frage ich.

»Alles okay«, sagt er und zwingt sich zu einem Lächeln. Doch ich glaube ihm nicht. Die Anstrengungen der vergangenen Tage sind auch an ihm nicht spurlos vorübergegangen. Seine Gesichtszüge haben sich deutlich verändert, wirken erschöpft und ausgelaugt. Dennoch macht er viele zusätzliche Wege, geht voraus oder erklimmt Felspassagen, um unseren Aufstieg aus unterschiedlichen Perspektiven zu filmen und zu fotografieren. Er klagt nie, hat für jeden ein paar aufmunternde Worte oder ein motivierendes Schulterklopfen; er ist eine tolle Stütze. Ich habe großen Respekt vor seinem Teamgeist, seiner Anteilnahme und seiner enormen Leistungsfähigkeit.

Weiter. In vielen Windungen steigen wir Meter um Meter bergan. Ein Pfad ist längst nicht mehr erkennbar. Vor unseren übermüdeten Augen erstreckt sich ein von Wind und Wetter gegerbtes Gelände – zerklüftet und zersprengt, voller Buckel, Gräben und Verwerfungen. Eine schwarzbraungraue Urlandschaft, in der wir die Gefahren und Schrecken eines Vulkanausbruchs nachempfinden können. Manchmal verschwindet die herbe Landschaft in einer grauen Windböe. Sandschwaden stürzen dann über Felsblöcke und Geröllhalden, zwingen uns zu krächzenden Atemzügen, reizen zum Husten. Hier fühlen wir uns in die Anfangsphase der Schöpfung zurückversetzt, die an den Hängen des Kilimandscharo noch immer am Werk ist.

Weiter. Wir gehen und gehen, doch der Aufstieg nimmt einfach kein Ende. Gehen kann man das längst nicht mehr nennen. Wir kriechen wie Raupen, schleichen und schleppen uns vorwärts, balancieren, tasten und tippeln mit kleinsten Schritten, Stunde um Stunde. Brüchiger Geröllschutt rollt unter unseren Stiefeln. Wir schlittern zwei Schritte aufwärts und rutschen einen zurück. Wir müssen alle Konzentration aufwenden, derer wir fähig sind, um nicht zu stürzen. Hinzu kommt der immer stärker werdende Wind, der uns im ungeschützten Steilhang, auf einer Höhe von über 5500 Metern, in den Rücken knufft und an den Körpern zerrt. Wir sind ungeheuer angespannt, als müsse jeden Augenblick etwas Unheilvolles passieren. Vielleicht sind es die extremen Kältegrade, die enorme Höhe oder das zerborstene Gelände, dessen

Gesteinstrümmer wie von geheimnisvoller Hand verstreut an den Berghängen liegen. Vermutlich ist es alles zusammen, das auf uns einwirkt und einen abweisenden Eindruck vermittelt.

★

Nach mehr als sechs Stunden mühseligen Steigens erstreckt sich ein blockübersäter Steilhang vor uns. Die letzten hundert Meter. Links und rechts türmen sich übereinander geschichtete Steinkolosse; zerklüftete schwarze Lavakegel ragen aus vereinzelten Schnee- und Eisfeldern. Der Wind bläst jetzt von vorne. Immer wieder suchen wir an Felsen Halt, schieben uns an groben Brocken vorbei, zwängen uns zwischen kantigen Blöcken hindurch. Die Lungen japsen nach Luft. Je größer die Anstrengung, desto höher das Sauerstoffdefizit.

Unvermittelt sehe ich weiter oben ein strahlendes Weiß, das sich gegen den blauen Himmel abhebt. Das müssen Schneewehen oder Eiswände sein. Weit kann es bis zum Kraterrand nicht mehr sein. Vielleicht 30 oder 40 Meter. Doch die Knie sind weich. Ich fühle mich matt.

Plötzlich ruft Charles, der den Kraterrand als Erster erreicht hat, von oben: »Aaron, you make it, you make it! Excellent, excellent!"

Für meinen Sohn sind es nur noch wenige Meter, die er durch windgeschliffene Felsen und erstarrte Lavabrocken erklimmt. Dann hat auch er es geschafft.

»Papa, ich bin oben!«, jubelt er. Wie aus weiter Ferne dringt seine Stimme an mein Ohr. Seine Worte sind für mich noch einmal Ansporn. Ich raffe alle meine Energien zusammen, spüre die Luft wie Eis und ringe nach Atem.

Minuten später kann ich kaum glauben, dass ich den Kraterrand erreicht habe. Ich bin am Ende meiner Kräfte und sauge diesen Augenblick ganz in mich auf.

»Wir haben es geschafft!«, sagt Aaron mit atemloser Stimme.
»Opas Sehnsuchtsort.«
Wir umarmen uns.
Die Augen tränen.
Gefühle, für die es keine Worte gibt.
Diese Augenblicke sind zu groß, um sprechen zu können.

*

Fix und fertig stehen wir alle beieinander: Charles, Steve, Rainer, Aaron und ich. Trotz der Erschöpfung lachen wir bei klirrender Kälte und schauen über den riesigen Kraterkessel, der von einem weißen Schneeteppich bedeckt ist. Der Anblick ist überwältigend. Eine gigantische Kulisse. Auf der gegenüberliegenden Kraterwand erheben sich die mächtigen Eiswände des Kibo-Gletschers. Blau-grün-weiße Eiskristalle glänzen im Licht der Sonne. Darüber ein grenzenloses Blau, die große Sehnsuchtsfarbe. Das Postkartenbild eines Traums, das mir nie mehr aus dem Kopf gehen wird. Es ist, als würde sich hinter der Großartigkeit dieser unbelebten Natur ein besonderer Sinn verbergen.

Unversehens kehrt jene Ruhe in meine Seele zurück, die sich seit Tagen verflüchtigt hat. Auf einigen Felsen sitzend nehme ich die Stille in mich auf. Ganz sanft weht der Wind über die kesselartige Caldera des Riesenvulkans, er ist nun nicht mehr wild oder ungestüm. Milder Sonnenschein liegt über dem Gipfelrund des Kilimandscharo, dessen natürliche Herrlichkeit mich so sehr erfüllt, dass nichts anderes mehr

Platz zu haben scheint. In der klaren und reinen Luft wirkt alles irgendwie unwirklich: der schneebedeckte Krater, die schimmernden Gletscherwände, die schroffen Lavabrocken. Dieses Panorama macht mir meine Unfähigkeit deutlich, die mächtige Architektur der Natur zu begreifen. Vor allem das ausgedehnte Schneefeld der Caldera, dieses blendende Weiß, an das sich die Augen kaum gewöhnen können, wirkt so unberührt, so unglaublich schön. Dieser weltentrückte Ort hat nie wirklich den Menschen gehört.

*

Hier also war es. Hier, am Gilman's Point (5685 Meter), stand mein Vater Harry im Dezember 1988, und konnte unter Tränen sein Glück kaum fassen, als er die schneebedeckte Kraterlandschaft der Gipfelzone sah, nach der er sich so sehr gesehnt hatte. Seit seinem siebten Lebensjahr, als er erstmals vom schneebedeckten Kilimandscharo hörte, träumte er von diesem Berg, dessen klangvoller Name zur Projektionsfläche seiner Sehnsucht wurde. Die Verwirklichung seines Traums gab seinem Leben noch einmal einen entscheidenden Impuls, verschaffte ihm nicht nur einen großen Schub an Begeisterung und Energie, sondern vermittelte ihm eine Balance zwischen seelischem und körperlichem Wohlbefinden; so habe ich ihn jedenfalls im Nachhinein erlebt.

Gleichwohl muss ich mir eingestehen, dass die Sehnsucht meines Vaters nie meine Sehnsucht war. Das habe ich beim Unterwegssein immer wieder gespürt, wenn ich mich fragte, was der Kilimandscharo mit meinem Denken, Fühlen und Handeln zu tun hat. Das Erreichen des Gipfels war der Traum meines Vaters, niemals meiner. Das war aber auch nicht wichtig. Ich bin mit meinem Sohn hierhergekommen, um meinem Vater, Aarons Opa, an jenem Ort noch einmal nahe zu sein, wo sein Sehnen in Erfüllung ging. Entscheidend war dabei dies: Wenn wir über die frostharten Hügelketten des Kilimandscharo stiegen oder im Land der Massai durch die afrikanische Savanne wanderten, wo wir beim ruhigen Voranschreiten unsere Zeitsouveränität zurückgewannen, war Harry fast immer dabei, er begleitete uns in Gedanken.

Immer wieder flackerten fast vergessene Erinnerungsbilder in unserem Gedächtnisspeicher auf, während wir zwischen dem Empakaai-Krater und der Olduvai-Schlucht unterwegs waren. Und beim Aufstieg am Kilimandscharo fragten wir uns, was er wohl im Regenwald, in der Heidekrautzone und steinigen Mondlandschaft empfunden hatte. All das führte zu einer Intensivierung unserer Erinnerungen – und im Laufe der Wochen gelang es uns, aus der Entfernung der Jahre, *ihn* und *seine* Reise noch einmal zum Leben zu erwecken. Von Kilometer zu Kilometer, die wir auf unserer Reise zurücklegten, näherten wir uns ihm immer mehr an und gewannen schließlich den Eindruck, dass wir meinen Vater Harry im fernen Afrika viel eher wiederfanden als zu Hause im temporeichen Alltag.

Das war der eigentliche Sinn unserer Reise: sich aufmachen, um durch eigenes Erleben ein Stück Vergangenheit wachzurufen. Das berührte uns, denn nach all den Wochen des Unterwegsseins wussten wir: Hier, im fernen Afrika, war mein Vater er selbst und zugleich ein anderer. Das wird verstehen, wer einiges Verständnis dafür hat, dass manche Menschen ihre Sehnsuchtsziele nicht nur erleben, sondern auch erleiden müssen, um sich richtig kennenzulernen.

Vor diesem Hintergrund haben wir eine Reise unternommen, die uns mehr bedeutet als alle anderen davor.

Während ich am Kraterrand des Kilimandscharo sitze und über das Wachrufen der Vergangenheit und die Familienlinie »Opa-Vater-Sohn« nachdenke, durchbricht Aaron meine Gedanken und sagt: »Wir sollten hier oben noch einmal Harrys Kassette hören.« Ohne ein Wort von mir zu erwarten, nimmt er den kleinen MP3-Player aus seinem Rucksack, reicht mir einen Kopfhörer und drückt die Wiedergabetaste. Für ein paar Momente sehen wir einander an, wissen, was der andere denkt, wissen, was der andere fühlt. Dann hören wir Harrys Stimme auf dem schneebedeckten Gipfel des Kilimandscharo.

Das hätte ihm gefallen.

Den Strom der Gefühle zulassen

Seit Stunden hat der gewaltige Erdschatten den Kilimandscharo in eine konturlose Finsternis getaucht. Stille liegt über unserem Camp auf etwa 4000 Metern, das wir nach dem Abstieg vom Kraterrand errichtet haben. Es herrscht Schweigen. Unsere Guides, Charles und Steve, die Träger sowie Rainer und Aaron liegen in ihren Zelten. Es ist der letzte Abend, ehe wir morgen die Hänge des Kilimandscharo hinabwandern. In dieser Nacht möchte ich noch ein paar Stunden allein sein, brauche ein bisschen Zeit für mich, um all die Erlebnisse der vergangenen Wochen noch einmal Revue passieren zu lassen. An Schlaf ist sowieso nicht zu denken. Mein Kopf ist zu aufgeladen von all den Begegnungen und Geschehnissen.

Mit einer Decke um die Schultern sitze ich auf einem Felsen und horche in die Nacht hinaus. Unter mir liegt das Wolkenmeer, über mir strahlt das Licht von Abermillionen Silbertupfern. Der ganze Sternenhimmel ist von überwältigender Schönheit. Ein Stern neben dem anderen, so dicht, als würde keine Handbreit dazwischen passen. Es ist, als würden die Gestirne in der eisigen Kälte vibrieren, während ein paar Sternschnuppen über das Firmament schießen und in der Dunkelheit verlöschen.

In der glitzernden Bläue dieser Nacht habe ich das Gefühl, dass die Zeit, wie ich sie kenne, nicht mehr existiert. Zeit und Raum sind auf einmal nur noch Kategorien, die sich in der Maßlosigkeit des afrikanischen Riesenhimmels auflösen. Einen flüchtigen Augenblick lang fühle ich mich etwas Göttlichem nahe. Ich weiß nicht, ob es *mein* Gott ist oder der Gott der Massai, Ngài. Das mag klischeehaft klingen, aber tief in meinem Herzen weiß ich, dass irgendetwas Unerkläliches eine schützende Hand über mich gehalten hat. Mit einer unsichtbaren, fremden Hilfe habe ich etwas geschafft, was für mich zählt. Damit meine ich nicht das Erreichen des Gipfels; ich meine das gemeinsame Erleben mit meinem Sohn, der mir in den vergangenen Wochen immer wieder mit aufmunternden Worten, einem Lächeln oder einem Schulterklopfen zur Seite stand, wenn mein Körper schwächelte. Dafür bin ich dankbar.

Auch wenn unsere Reise im Vergleich zu der gewaltigen Wildnis Afrikas völlig unbedeutend sein mag, sie hat uns ein weiteres Stück zusammengeführt. Gemeinsam haben wir Tage und Wochen erlebt, die sich nicht wiederholen werden. Tage und Wochen, die weder an Aaron noch an mir spurlos vorübergegangen sind. Wir haben Erfahrungen gemacht, die uns verändert haben, haben wunderbare Menschen getroffen und fantastische Landschaften gesehen, die sich in unserem Inneren eingeprägt haben. Wir haben Bilder für die Ewigkeit in uns gespeichert, die jeden von uns weiter begleiten werden. Entscheidend dabei waren die Worte meines Vaters Harry, die er für mich vor mehr als zehn Jahren auf eine Tonbandkassette gesprochen hat. Worte, die meinem Sohn und mir im Land der Massai sowie am Kilimandscharo allgegenwärtig waren.

Diese Worte und all die beeindruckenden Erlebnisse lösten in uns nicht nur glückliche Hochgefühle aus, sondern auch Traurigkeit; Empfindungen, die wir weder vor unseren Begleitern noch vor uns verborgen hielten. Vielleicht ist es gerade das, was uns Menschen näher zusammenführt: den Strom der

Gefühle zuzulassen. Es ist die gegenseitige Wahrnehmung von Stärken und Schwächen, von Lachen und Weinen, von Freude und Angst.

Diese Gedankengänge, die sich unter dem kristallklaren Sternenhimmel Afrikas ganz fest in meinem Denkorgan verankern, nehme ich mit nach Hause, in meinen Alltag. Es sind Gedanken, die mir deutlich machen, dass unsere Reise sehr viel mehr war als ein Abenteuer zwischen Himmel, Savanne und Bergwildnis: Es war ein Stück Familiengeschichte, eine gemeinsame Annäherung an die Vergangenheit, die bis in die Gegenwart reicht.

Vor allem der Kilimandscharo, der heilige Berg der Massai, hat meinen Vater, meinen Sohn und mich noch einmal zusammengeführt. Ein schneebedeckter Berg in Afrika – so hoch, so schön, so göttlich, hat drei Generationen über den Tod hinaus verbunden.

Vielleicht bin ich meinem Vater niemals näher gewesen als im Land der Massai und hier am Kilimandscharo. Und womöglich habe ich ihm zu Lebzeiten niemals gestanden, was ich jetzt sicher weiß: Nachdem ich eine fast dreißigjährige vaterlose Zeit erlebt hatte, wurde er nicht nur mein Vater, sondern auch mein Freund.

Wir hatten Afrika noch nicht verlassen,
aber wenn ich nachts aufwachte,
lag ich lauschend da,
bereits voller Heimweh danach.

Ernest Hemingway (1899–1961)

Dank

Für die Unterstützung, Hilfestellung und Ermutigung bei der Durchführung der Tansania-Reise möchte ich mich bei vielen Menschen bedanken, die mir mit Rat und Tat zur Seite standen.

Als Erstes bei meiner Frau Rita und meinem Sohn Aaron.

Dann bei Carsten Westphal, Rainer Blank, Michael Eimler, Jörgpeter von Clarenau, Katrin Schulz, Sami und Alex, Orca (Ake Lindstrom), Charles und Steve.

Dank an die Trägercrew am Kilimandscharo, Michael Merbeck von der Reiseagentur Abendsonne Afrika, Hein Prinsloo und Bernard Alex von der Reiseagentur Abercrombie & Kent, Lars Kossack, Katharina Festner, Matthias Politycki, Andreas Krüger sowie Dr. Panagiotis Doukas, Dr. Ralph Kothe und Dr. Jens Lohmann.

Ihr alle habt bei unterschiedlichen Problemstellungen für mich immer ein offenes Ohr gehabt, habt das Projekt in Gang gesetzt.

Tausend Dank, dass ich meinen Traum in Tansania leben durfte.

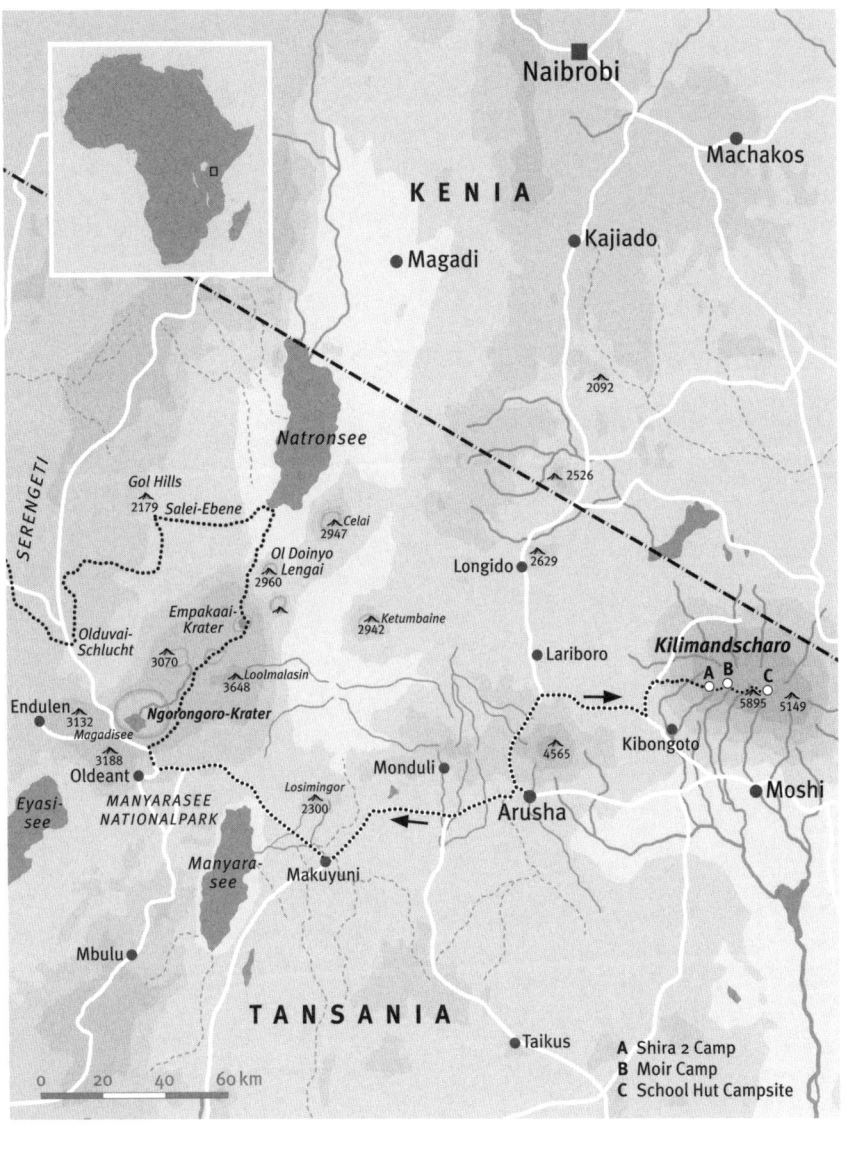

»Wer durch Natur und Wildnis wandert, kommt bei sich selbst an.«

Achill Moser

ALLE LIEFERBAREN TITEL, INFORMATIONEN UND SPECIALS FINDEN SIE ONLINE

Auch als eBook   www.dtv.de

Ein Highlight des Nature Writing

ALLE LIEFERBAREN TITEL, INFORMATIONEN UND SPECIALS FINDEN SIE ONLINE

Auch als **eBook** www.dtv.de dtv

Norwegen für Fjordgeschrittene

ALLE LIEFERBAREN TITEL, INFORMATIONEN
UND SPECIALS FINDEN SIE ONLINE

Auch als eBook   www.dtv.de   dtv